Simone Klages

Die Entführung

Mit Illustrationen der Autorin

Hase und Igel®

Für Lehrkräfte gibt es zu diesem Buch
ausführliches Begleitmaterial beim Hase und Igel Verlag.

Für Butscherliesel, Hammu
& Dieter von der Wolfskuhle

Dieses Buch erschien erstmals 1994 im Beltz Verlag, Weinheim und Basel.
Es wurde für diese Ausgabe gemeinsam mit der Autorin überarbeitet.

www.hase-und-igel.de
Lektorat: Birgit Fürst
Druck: CPI – Ebner & Spiegel, Ulm

ISBN 978-3-86760-164-1
1. Auflage 2013

INHalt

1. Warum die Nordsee ins Wasser fällt

Wir haben Oma Rübenkamp entführt. Aus dem Pflegeheim. Wir, das sind meine Freunde Billy, Emil und ich. Alles war aufregend und sehr geheim. Oma Rübenkamp war im Radio und wurde sogar von der Polizei gesucht. Obwohl wir am Anfang gedacht hatten, dass es schrecklich langweilige Ferien werden würden. Aber es kam ganz anders.

Alles fing damit an, dass Mama drei Wochen vor den Sommerferien einen Brief bekam, auf den sie anscheinend schon hundert Jahre gewartet hatte. Wir saßen gerade beim Frühstück, Papa, mein großer Bruder Jo und ich.

„Na endlich", sagte Mama mit glücklichen Augen, nachdem sie ihn gelesen hatte. Sie sprang auf und hüpfte ausgelassen um den Tisch. „Freut ihr euch denn gar nicht mit mir?", fragte sie erstaunt, weil wir sie nur verständnislos anguckten. Wir wussten ja gar nicht, warum sie so herumhüpfte.

„Also", erklärte sie uns endlich, „der Brief ist von der Agentur für Arbeit. Es ist der Bescheid, dass sie mir endlich diesen Computerfortbildungslehrgang bewilligen."

„Das ist ja super, Kuschel!", rief Papa und stieß beim Aufstehen seinen Stuhl um. Er umarmte Mama und sie tanzten gemeinsam völlig albern in den Flur hinaus.

Jo und ich, wir grinsten uns an. Wir konnten uns beide nicht vorstellen, wie sich jemand derartig darüber freuen konnte, wieder zur Schule gehen zu müssen.

Ich aß weiter ruhig mein Müsli und fing dabei an, in dem Arbeitsagenturbrief zu lesen, den Mama in ihrer glücklichen Aufregung auf den Küchentisch geworfen hatte. Solche Briefe mit Aktenzeichen lese ich normalerweise nie, weil ich sie tödlich langweilig finde und sowieso nicht verstehe, worum es eigentlich geht. *Sehr geehrte Frau Neumann,* stand da, *wir freuen uns, Ihnen mitteilen zu können …* Na, dass Mama diesen Lehrgang machen darf und dass er sechs Wochen dauert und all das.

Doch dann verschluckte ich mich. Denn da stand auch, wann der Lehrgang beginnen sollte: *Lehrgangsbeginn ist der 1. Juli,* und das war haargenau der erste Ferientag!

„Das kannst du nicht machen!“, rief ich Mama aufgeregt in den Flur hinterher.

Wir wollten doch in den Ferien an die Nordsee fahren und ich hatte auch schon allen versprochen, ihnen Seehund-Postkarten zu schicken.

Der Rest des Frühstücks war dann nicht mehr fröhlich. Meine Eltern setzten sich wieder ganz ernst, wie richtige Erwachsene, zu uns an den Tisch. Mama zuckte nur mit den Schultern und meinte, da könne man halt nichts machen.

„Doch“, sagte ich, „du kannst die Arbeitsagentur anrufen und ihnen sagen, dass du arme Schulkinder hast, die unbedingt an die Nordsee müssen. Und dass du deshalb diesen verdammten Lehrgang irgendwann später machen kannst.“

„Nein“, entgegnete Mama entschieden. „Ich will ihn *jetzt* machen. Ich hab so lange darauf warten müssen und ihr könnt ruhig auch mal an mich denken.“

„Dann schlage ich vor, dass du diesen Computerkurs lieber ganz sein lässt“, fiel mir ein. „Weil es nämlich schädlich für die Augen ist, wenn man so lange vor einem Bildschirm sitzt.“ (Das sagt sie sonst selber immer, wenn ich mehr als eine Stunde vor dem Fernseher sitze.) Daraufhin murmelte Mama jedoch nur etwas von verbesserten Chancen auf dem Arbeitsmarkt.

„Aber Computer sind doch empfindlich“, entgegnete ich. Wenn Mama bei der Arbeit etwas nicht gelingt oder sie etwas falsch gemacht hat, dann zerknüllt sie Papier und schmeißt es in die Ecke. Oder sie tritt kurz gegen den Papierkorb. Das kann sie alles mit so einem Computer nicht machen. Ich versuchte, ihr das zu erklären, aber Mama wollte die Wahrheit nicht hören.

Sie schaute mich nur verständnislos an und ihr rechtes Augenlid fing bereits gefährlich an zu zittern. Das hat sie immer, wenn sie gereizt und ungeduldig ist. Laut klappernd fing sie an, das Geschirr zusammenzustellen. Und dann behauptete sie, nur *ich* würde sie mit meinem Gerede so nervös machen, ansonsten wäre sie der ruhigste und ausgeglichenste Mensch der Welt.

Obwohl wir alle wussten, dass das nicht stimmt, hat Papa die Mama die ganze Zeit kopfnickend unterstützt. Erst als Mama ihm vorschlug, dass er doch gut mit Jo und mir allein an die Nordsee fahren könne, hörte er mit dem Nicken auf. „Nein“, sagte er. Ihm passe das ganz gut, weil doch Oma Rübenkamp gerade ins Pflegeheim gekommen sei. Und sie sei ja schließlich seine Mutter und er müsse für sie sorgen. Vor allem aber müsse er nun endlich mit der Auflösung von Omas Wohnung beginnen. „Das ist so viel Arbeit“, stöhnte er. „Ich weiß sowieso nicht, wie ich das schaffen soll. Deshalb bin ich eigentlich ganz froh, dass die Nordsee ins Wasser fällt. Und die ewigen Wellen kann ich sowieso nicht mehr sehen.“

Sicher hat er nur einfach keine Lust, mit Jo und mir wegzufahren, dachte ich. Schließlich hatte er sich bis dahin auch nicht besonders um die Oma gekümmert.

Mein Bruder Jo saß mit ausdruckslosem Fischgesicht lässig auf seinem Stuhl und tat so, als wäre es ihm vollkommen egal, ob wir in den Ferien wegfahren oder nicht. Diesen Fischgesichtsausdruck übte er in der letzten Zeit ständig heimlich vor dem Spiegel. Vielleicht wollte er nicht, dass man seine richtigen Gefühle in seinem Gesicht sieht. Ich war mir jedenfalls sicher, dass ihm das mit der Nordsee nicht egal war, denn im letzten Jahr hatte er sich dort in ein Mädchen mit grünen Augen verliebt. Aber Jo sagte nichts. Meine Eltern frühstückten weiter, als wäre nichts gewesen. Ich saß stumm vor

meinem Müsli und wünschte mir ein Fischgefühl herbei. Das Müsli steckte mir wie ein dicker Klumpen im Hals und ich konnte nicht weiteressen.

„Nun guck doch nicht wie sechs Wochen Regenwetter“, sagte Mama. „So furchtbar ist es schließlich auch nicht, wenn wir mal nicht verreisen. Und außerdem wird auf dem Bauspielplatz ein sehr nettes Sommerferienprogramm angeboten.“

Die Nordsee war also gestorben: keine wilden Wellen, kein In-die-Luft-Fliegen auf der Schaukel am Strand und dabei ins Wasser spucken. Keine Flaschenpost ins Wasser werfen und jeden Tag auf Antwort warten. Kein Suchen nach Schätzen im sturmangeschwemmten Plastikmüll.

Nichts, nichts. Und auch keine Seehund-Postkarten.

2. Die Entschädigungs-Überraschung

Aber es kam noch schlimmer. Am Nachmittag telefonierte Mama endlos lange mit ihrer Schwester in Berlin. Und beim Abendbrot verkündete sie dann stolz: „Ich hab eine Überraschung für euch! Als Entschädigung dafür, dass wir in den Ferien nicht verreisen können."

„Interessiert mich nicht, die Überraschung", grummelte ich vor mich hin, denn ich wollte keine Überraschung. Ich wollte an die Nordsee.

„Nun sei doch nicht so verbohrt", sagte Papa zu mir. „Hör dir Mamas Vorschlag doch erst einmal an."

Doch als Mama mit ihrem Überraschungsvorschlag herausrückte, sagte ich entschieden: „Ich find es gar nicht schlimm, dass wir nicht an die Nordsee fahren. Ich möchte lieber auf die Überraschung verzichten."

Denn die Nordsee-Entschädigungsüberraschung sollte meine Cousine Hatty sein. Die gesamten Ferien würde sie bei uns verbringen, verkündete Mama. Und wer sollte mit ihr das Zimmer teilen? Ich! Ich konnte nicht anders: Ich stöhnte laut auf.

„Was hast du denn gegen die Hatty?“, fragte Papa.

„Die Hatty ist doch so ein liebes Mädchen“, sagte Mama.

Und Papa nickte zustimmend.

Das war klar, denn meinen Eltern gegenüber war Hatty immer unendlich freundlich und hilfsbereit. Sie hatte sogar freiwillig die Spülmaschine ausgeräumt und den Müll hinuntergetragen, als sie das letzte Mal bei uns zu Besuch gewesen war. Und als Hatty wieder abreiste, strich Mama ihr liebevoll über die frisch gewaschenen Haare. Es fehlte nur noch, dass Mama gesagt hätte: „So eine Tochter hab ich mir immer schon gewünscht.“

Zu mir war Hatty ganz anders. Immer behandelte sie mich wie ein dummes, kleines Kind, nur weil sie drei Jahre älter ist als ich. Immer wusste sie alles besser. Ohne mich zu fragen, wühlte sie in meinen Sachen herum. Ich musste alles verstecken. Obwohl sie zu Ostern nur drei Tage lang bei uns war, bekam ich viele Wutausbrüche. Dabei hat sie in Jos Zimmer geschlafen, der verreist war. Nie im Leben würde ich es auch nur einen Tag lang mit Hatty zusammen in meinem Zimmer aushalten. Und schon gar nicht sechs Wochen …

Aber ich konnte nichts dagegen tun. Mama fand ihre Hatty-Idee fantastisch und hatte auch schon alles mit Hattys Mutter und Hatty fest ausgemacht.

Weil ich so wütend auf Mama war, weigerte ich mich am nächsten Tag, mit meinen Eltern im Stadtpark einen Sonntagsspaziergang zu machen.

„Ich kann unmöglich mitkommen, ich habe noch unendlich viele Hausaufgaben für Montag zu machen", behauptete ich. Doch kaum waren meine Eltern fort, warf ich meine Bücher in die Schultasche und machte mich auf den Weg zu Billy.

Billy heißt eigentlich Sybille und ist meine allerbeste Freundin. Sie war im Moment mein einziger Ferientrost. Denn Billy würde dieses Jahr in den Sommerferien ebenfalls nicht wegfahren. Billys Eltern wollten sich nämlich plötzlich unbedingt ein Haus kaufen. Dafür arbeiteten sie jetzt Tag und Nacht und taten nichts anderes mehr. In den Ferien wollten sie mit ihrem Imbisswagen sogar frühmorgens auf dem Hamburger Fischmarkt stehen. Obwohl ich mir nicht vorstellen konnte, dass morgens um halb sieben jemand Currywurst mit Ketchup zum Frühstück isst.

„Du fährst nicht weg? Du bleibst hier?" Billy strahlte. Sie freute sich fast so wie Mama über ihren blöden Computerlehrgang. Das tröstete mich tatsächlich ein wenig. Wir fingen an, wild herumzuspinnen, was wir in den Ferien alles Tolles zusammen machen könnten. Billy hüpfte begeistert auf ihrem Schlafsofa herum und rief: „Mensch, Katjenka! Jetzt fehlt nur noch der Emil! Dann könnten wir wieder Chaos-Picknick im Stadt-

park machen und so tun, als würden wir mit planetarischen Raketen ins Weltall fliegen."

Wir wollten schon einmal von zu Hause weglaufen, Emil, Billy und ich. Aber wir kamen nur bis zum Stadtpark. Und als es ein Gewitter gab und es dunkel wurde, nass und kalt, da wurde es uns zu ungemütlich und wir sind doch lieber wieder nach Hause gegangen. Es gab trotzdem höllischen Ärger. Am schlimmsten war es für Emil. Seine Mutter hat ihn daraufhin in das erstbeste Internat gegeben, das einen Platz frei hatte. Anfangs haben wir ständig miteinander telefoniert. Aber dann hatte ich so eine hohe Handyrechnung, dass meine Eltern mir das Telefonieren mit dem Handy verboten haben. Nur eine einzige SMS pro Woche haben sie mir erlaubt und behauptet, sie hätten mir das

Handy nur für Notfälle angeschafft. Dass das mit Emils Internatsaufenthalt ein absoluter Notfall war, wollten sie nicht einsehen.

Seitdem haben Billy und ich mit Emil gemailt. Ich hatte mir Internate ja immer sehr spannend vorgestellt, aber Emils E-Mails klangen nicht so, als wäre er in diesem Internat besonders glücklich.

In seiner letzten Mail hatte Emil uns geschrieben: *Meine Eltern streiten sich gerade darüber, ob ich in den Ferien bei meiner Mutter oder bei meinem Vater sein werde.* Emils Eltern sind nämlich geschieden. (Ich kenne mehrere Kinder, deren Eltern geschieden sind. Bei denen sind die Eltern nach der Scheidung manchmal viel netter zueinander als in der Zeit, als sie miteinander verheiratet waren. Bei Emils Eltern ist das aber leider nicht so.)

Mir ist es egal, bei wem ich in den Ferien bin, hatte Emil geschrieben. Er dachte ja, dass Billy und ich wegfahren und er dann allein in Winterhude hocken würde. Emils Mutter konnte mit Emil nämlich nicht verreisen, weil sie keinen Urlaub bekam. Denn sie hatte gerade erst angefangen in einem Geschäft zu arbeiten, in dem man Dinge, die man eigentlich gar nicht braucht, für unendlich viel Geld kaufen konnte.

„Hoffentlich gewinnt Emils Mutter den Streit“, sagte Billy. „Dann können wir die Ferien mit Emil zusammen verbringen.“

„Los, wir rufen ihn an!“, rief ich. Denn ich fand, dass es sich hier um einen absoluten Ferien-Notfall handelte. Dagegen konnten meine Eltern eigentlich nichts sagen. Billy fand das auch, doch unter Emils Nummer meldete sich nur die Mailbox. Wir schickten ihm eine SMS: *Emil, ruf uns bitte dringend an! Sofort! Katjenka und Billy.*

Wir warteten eine halbe Stunde. Keine Reaktion. Da setzten wir uns hin und schrieben Emil eine irre lange Mail.

Am nächsten Tag, als ich aus der Schule kam, war eine E-Mail von Emil in meinem Posteingang. Das war unter Garantie die Reaktion auf unsere Mail. Bestimmt hatte Emil sich riesig darüber gefreut. Gespannt klickte ich Emils Mail an.

Liebe Katjenka, liebe Billy,
mein Papa hat gewonnen. Ich werde in den Sommerferien mit ihm zusammen auf eine mexikanische Insel fliegen. Dort gibt es Raubfische, die riesige Zähne haben und Menschen angreifen. Papa hat mir versprochen, dass wir zusammen so einen Barrakuda fangen und aufessen werden. Barrakudas fressen am liebsten kleine Sardinen. Nachts werde ich in einer Hängematte schlafen. Es gibt auf dieser Insel gefährliche Skorpione und Kokosnüsse, die von den Bäumen fallen. Ich freue mich riesig, dass mein

Papa mich endlich einmal zu so einer tollen Reise mitnimmt.
Tausend Grüße! AHOI!
Euer Freund Emil

PS: Mehr E-Mails von Emil: Demnächst aus Mexiko!!!

Nachdem ich die Mail von Emil gelesen hatte, bekam ich trübe Feriengedanken. Hatty fiel mir ein und ich musste auch wieder an die Nordsee denken. Glücklicherweise klingelte es in diesem Moment an der Wohnungstür. Es war die Nachbarin von Oma Rübenkamp. Mit einer riesigen Plastiktüte und einem fauchenden Pappkarton stand sie im Treppenhaus. In dem Karton war Alfred Rübenkamp.

Als meine Oma wegen so eines blöden Schlaganfalls ins Krankenhaus gekommen war, hatte die Nachbarin Omas Kater Alfred in Pflege genommen.

„Weil deine Oma nun aber vom Krankenhaus ins Pflegeheim gekommen ist und gar nicht mehr zurück nach Hause kommt, kann ich den Alfred nicht mehr länger bei mir behalten", sagte Omas Nachbarin. Sie klagte: „Er zerkratzt mir die Tapeten und verschreckt meinen armen Wellensittich. Ich halte das nicht länger aus."

Sehr bestimmt holte sie das Katzenklo und den Fressnapf aus der großen Plastiktüte und drückte mir den Alfred-Karton in den Arm. Selbst wenn ich gewollt hätte, hätte ich nichts dagegen tun können, dass Alfred Rübenkamp nun bei uns wohnte. Denn bevor ich überhaupt etwas sagen konnte, war Omas Nachbarin wieder verschwunden.

Als Erstes befreite ich Alfred aus dem Karton. Er fauchte mich wütend an und kratzte mich am Arm. „Autsch, Alfred", rief ich, „erkennst du mich denn nicht?!" Ich hielt ihn fest und trug ihn in mein Zimmer. „Das ist jetzt dein neues Zuhause, Alfred", erklärte ich ihm.

Alfred sprang von meinem Arm und versteckte sich unter dem Schrank. Den ganzen Nachmittag lag ich auf dem Boden und flüsterte Alfred sanfte, liebe Worte zu. Manchmal miaute Alfred und ich freute mich, dass da etwas Lebendiges war, das mir antwortete.

Nie hatte ich ein richtiges Tier haben dürfen. Meine Eltern hatten immer gesagt, unsere Wohnung sei zu klein dafür. Schildkröten und Goldfische hätten sie mir schon geschenkt. Aber die sind stumm und so einen Goldfisch kann man noch nicht einmal auf den Arm nehmen und streicheln. Und Schildkrötenpanzer-Streicheln ist hart und kalt und langweilig. Deshalb freute ich mich riesig, dass Alfred Rübenkamp nun da war. Auch, weil ich still in mir hoffte, dass meine Cousine Hatty vielleicht gegen Katzenhaare allergisch wäre und von Alfred Niesanfälle und Ausschlag bekommen würde. Dann würde sie leider sofort wieder nach Hause fahren müssen und ich bräuchte nicht sechs Wochen lang mein Zimmer mit ihr zu teilen.

Als Papa von der Arbeit kam, roch er sofort, dass etwas nicht stimmte. Im Flur stand noch der Pappkarton, in dem Omas Nachbarin den Alfred transportiert hatte. Papa schnüffelte. „Was stinkt hier so? Kommt das etwa aus diesem Karton?“ Er hielt sich die Nase zu.

Der Karton stank, weil Alfred hineingepinkelt hatte. Sicherlich hatte er Angst gehabt, eingesperrt in so einem dunklen, engen Kartonkäfig. Und er hatte ja auch gar nicht gewusst, wo er hingebracht wird.

Ich berichtete Papa von Omas Nachbarin, die vorhin Alfred Rübenkamp im Karton vorbeigebracht hatte. Kaum hatte ich geendet, sagte Papa: „Der Alfred bleibt auf gar keinen Fall hier. Der Alfred kommt ins Tierheim. So ein Vieh will ich nicht in der Wohnung haben.“

Das fand ich echt gemein. Alfred ist zwar keine Rassekatze, sondern eine ganz normale Straßenmischung. Außerdem humpelt er. Aber die Oma liebt ihn. Sie hat ihm nämlich das Leben gerettet. Letzten Winter hatte sie etwas Nasses, Schwarzes im Matschschnee gefunden. Das hatte am Straßenrand gelegen, geatmet und gezittert und die Oma angeschaut. Das war Alfred. Wahrscheinlich war er von einem Auto angefahren worden. Die Oma nahm den Alfred mit nach Hause

und pflegte ihn gesund. Sie hängte dann überall Zettel auf, auf die sie ihre Adresse geschrieben hatte und wie der Alfred aussah, damit sich der Besitzer oder die Besitzerin den Kater bei ihr abholen konnte. Aber es meldete sich niemand. Keiner wollte den Alfred haben.

Genauso wie jetzt. Denn auch Mama stöhnte, als sie von Alfreds Anwesenheit erfuhr: „Das hat mir gerade noch gefehlt!“ Aber es bedeutete nicht das, was sie sagte, sondern genau das Gegenteil.

„Warum will denn Omas Nachbarin den Alfred nicht behalten?“, fragte Mama.

Damit sie nicht noch entsetztere Augen bekam, erzählte ich ihr das von den zerfetzten Tapeten lieber nicht. „Weil sie einen Vogel hat“, sagte ich, „einen Wellensittich. Und der mag keine Katzen. Alfred kann froh sein, dass ihm dieser bösartige Vogel kein Auge ausgehackt hat."

Aber auch Mama fing dann mit dem Tierheim an.

„Mama, Papa, da geht es dem Alfred bestimmt ganz schlecht", erklärte ich meinen Eltern eindringlich. „Weil ihn im Tierheim nämlich niemand mehr richtig persönlich lieb hat." Stundenlang bettelte ich. „Wenn wir nicht wegfahren, kann ich doch gut eine Katze haben." Ich sagte immer wieder „och, bitte" und versprach meinen Eltern hoch und heilig: „Ich werde ganz allein und immer für Alfred sorgen. Ihr könnt euch hundertprozentig auf mich verlassen! Nie, nie werde ich vergessen, das Katzenklo sauber zu machen."

Dann endlich meinte Mama: „Nun gut, wir wollen uns das mit dem Katzenklo mal eine Weile anschauen."

Und Papa sagte: „Wenn es wirklich funktioniert, werden wir uns das mit Alfred noch einmal überlegen."

Der Alfred zerfetzte dann in den nächsten Tagen in meinem Zimmer ein bisschen die Tapete und ein paar Mal vergaß ich auch, das Katzenklo sauber zu machen. Aber meine Eltern bemerkten es nicht einmal. Es redete jedenfalls niemand mehr davon, dass Alfred ins Tierheim soll.

Ein paar Tage vor Ferienbeginn versuchte ich Mama gegenüber immer mal wieder vorsichtig anzudeuten, dass Hatty von den vielen Katzenhaaren in meinem Zimmer möglicherweise einen furchtbar juckenden Hautausschlag und tränende Augen bekommen könnte. „Vielleicht wär es besser, wenn sie gar nicht erst kommt?", schlug ich vor.

Mama ging jedoch gar nicht darauf ein, sondern drückte mir nur den Staubsauger in die Hand. „Dann saugst du die Katzenhaare eben einfach weg", verlangte sie von mir und ging dann auf den Dachboden, um schon mal die Gästematratze für Hatty herunterzuholen.

Ich musste einsehen, dass ich nichts mehr dagegen tun konnte, dass Hatty kam. Aber ich saugte kein einziges Katzenhaar weg. Stattdessen fing ich an, meine schönsten, liebsten und geheimsten Dinge vor Hatty zu verstecken.

3. Sonnenstich und Honigkuchen

Am Montag legte Papa dann die Matratze und das Bettzeug für Hatty in mein Zimmer. Alfred Rübenkamp machte das nichts aus. Er rollte sich auf Hattys Kopfkissen zusammen und schnurrte zufrieden vor sich hin. Aber ich fühlte mich nicht mehr wohl. Mein Zimmer war plötzlich nicht mehr mein Zimmer. Es war, als wäre Hatty schon da. Dabei sollten wir sie erst abends vom Bahnhof abholen. Ich mochte nicht an Hatty denken. Darum sagte ich Papa, dass ich unbedingt zu Billy müsse, und fuhr mit meinem Fahrrad zum Isemarkt.

Obgleich Billys Eltern versprochen hatten, dass Billy in den Ferien nicht im Imbiss mithelfen musste, sollte sie dann doch gleich am ersten Ferientag mit ihnen auf den Wochenmarkt, denn die Aushilfe hatte sich krank gemeldet. Am Telefon fluchte Billy sehr darüber. Als ich sie dann auf dem Markt besuchte, sah sie aber gar nicht unglücklich aus. Zufrieden grinsend stand sie in fettig-heißen Currywurstdämpfen, schnitt Brötchen auf und fischte Bockwürste aus dem Wasser. Ihre Eltern gaben Billy zehn Minuten frei. Wir setzten uns hinter dem Imbiss auf einen Kantstein.

„Ich dachte, du bist sauer auf deine Eltern?“, fragte ich Billy verwundert.

Billy kicherte nur vor sich hin und konnte fast gar nicht mehr aufhören. Dann erzählte sie mir flüsternd, dass sie sich den ganzen Morgen über vollkommen blöd angestellt und alles falsch gemacht hatte. „Das hab ich so lange gemacht, bis meine Eltern geplatzt sind. Sie haben gesagt, ab morgen nehmen sie mich nicht mehr mit. Mit meinem griesgrämigen Gesicht würde ich ja alle Kunden vertreiben. Zur Strafe soll ich nun jeden Tag im Schrebergarten Petersilie gießen und Unkraut jäten.“ Billy fand gar nicht, dass das eine Strafe ist. Sie hatte sogar schon den Gartenhausschlüssel von ihren Eltern bekommen. „Nun machen wir Ferien im Schrebergarten!“ Billy strahlte.

„Ja“, bestätigte ich und strahlte ebenfalls, „heimlich. Und ohne Hatty!“

Weil Billy ihren Eltern nun aber noch bis 14 Uhr im Imbiss helfen musste, fragte sie mich, ob ich inzwischen nicht schon einmal eine Zehn-Liter-Gießkanne für den Schrebergarten kaufen könne. Sie gab mir Geld und wir verabredeten, dass wir uns um 15 Uhr am Schrebergarten ihrer Eltern treffen würden.

Als ich zurück in Winterhude war, war es bereits Mittag und sehr heiß. Gerade überlegte ich mir, wo ich wohl vor hundert Jahren gewesen bin, da kam mir Emil auf dem Mühlenkamp entgegen. Das kann doch gar nicht sein, dachte ich, jetzt habe ich auch noch einen Sonnenstich und sehe etwas, was gar nicht da sein kann. So wie Leute, die sich tagelang halb verdurstet in der Wüste verlaufen haben und nur noch an Wasser denken. Die sehen dann mit einem Mal einen Swimmingpool mit Wasserrutsche und daneben einen Automaten mit gekühlten Getränken vor sich, weil sie es sich so sehr wünschen. Aber in Wirklichkeit ist da nichts als Hitze und Sand.

Genauso ging es mir mit dem Jungen, der von Weitem so aussah wie Emil. Die Luft flirrte und war staubig. Die Autos standen im Stau und stanken zum Kopfschmerzen-Kriegen. Klar, der Junge war eine optische Täuschung. Denn er war viel größer als Emil und auch nicht so dick. Außerdem wusste ich ja ganz genau, dass es nicht Emil sein konnte. Denn Emil war doch mit seinem Vater auf einer mexikanischen Kokosnussinsel und fing mit ihm außergewöhnliche Raubfische in türkisblauem Wasser. Von dem größten Fisch, den Emil fing, wollte er mir einen Zahn mitbringen. Den konnte ich dann an einem Band befestigen und mir um den Hals hängen. Das hatte Emil mir jedenfalls in seiner letzten E-Mail vor einigen Tagen versprochen. Ich verstand nicht, warum Emil sich danach überhaupt nicht mehr gemeldet hatte. Zwei E-Mails hatte ich ihm seitdem noch geschickt. Aber nicht einmal auf die SMS, die Billy und ich ihm geschrieben hatten, hatte Emil geantwortet. Und x-mal hatte ich noch versucht ihn anzurufen. Ohne Erfolg. Immer nur die Mailbox.

Inzwischen war der Emil-Doppelgänger verschwunden und ich überlegte mir, dass er mir auch vollkommen gleichgültig war. Es macht mir auch nichts mehr aus, dass wir in den Ferien nicht wegfahren können, dachte ich trotzig. Sollten andere Kinder doch ruhig auf türkisblaue Inseln fahren und sich Kokosnüsse auf den Kopf fallen lassen oder von bunt schillernden Schlangen gebissen werden. Im Schrebergarten von Billys Eltern gab es auch gefährliche Tiere: Wenn wir abends dort am Kanal saßen, kamen zehntausend Mücken, fielen heimtückisch über uns her und zerstachen uns. Weil das höllisch juckte, kratzte ich immer, bis es blutete. Dann tat es zwar weh, aber es juckte nicht mehr. Mama sagte, dass das lebensgefährlich wäre, weil man bei meinen Dreckfingern leicht eine Blutvergiftung bekommen könnte.

Bei Budnikowski suchte ich mir dann die schönste gelbe Gießkanne aus. Vor der Kasse war eine lange Schlange. Natürlich keine Giftschlange, nur eine Menschenschlange. Alle Leute waren leicht bekleidet, schwitzten ungeduldig und warteten, dass sie endlich bezahlen konnten. Ich stellte mich mit meiner sonnengelben Gießkanne an das Ende der Schlange und dachte an das Wasser vom Goldbekkanal. Das hat die Farbe von graubraunem Tuschwasser und freiwillig würde darin niemand baden. Darum überlegte ich mir, dass Billy und ich uns ja vorstellen könnten, wir trügen ständig unsichtbare Sonnenbrillen. Durch die würde das Wasser in gedämpfte Tuschfarben verfärbt. Denn in Wirklichkeit wäre das Kanalwasser genauso türkis glitzernd wie in Mexiko und ohne unsere Sonnenbrillen würde uns das zu sehr blenden.

In dem Moment, als ich mir gerade eine richtige Sonnenbrille vom Sonderangebotsständer nehmen und aufsetzen wollte, wurde mir mit einem Mal schwarz und heiß vor Augen. Ich wusste sofort, dass mir jemand von hinten die Augen zuhielt. Doch ich konnte mir nicht vorstellen, wer das sein könnte. Denn alle Kinder außer Billy und mir waren doch auf irgendwelchen Kokosnussinseln oder bei ihren Großeltern in Schles-

wig-Holstein oder Bayern. Billy konnte es nicht sein und mein Bruder Jo würde es sich nicht trauen, mir noch einmal die Augen zuzuhalten, weil ich ihm beim letzten Mal dabei in den Finger gebissen hatte. Ich kann dieses dämliche, heimtückische, von hinten angeschlichene Augenzuhalten nämlich nicht leiden. Da soll man dann blind herumraten, wer es ist, und der andere kichert nur blöd vor sich hin. Darum fing ich laut an zu fluchen.

Das wirkte. Die Finger verschwanden sofort und ich konnte wieder sehen. Ich sah die Erwachsenen, die vor mir standen. Alle hatten sich zu mir umgedreht und schauten mich tadelnd an. Wütend drehte ich mich um, um zu sehen, wem ich das zu verdanken hatte.

Hinter mir stand der Junge, den ich von Weitem auf dem Mühlenkamp für Emil gehalten hatte. Er wirkte verschreckt. Auch von Nahem sah er noch ziemlich wie Emil aus, nur etwas größer und dünner. Konnte das Emil sein? Der Emil, der mir vielleicht gerade in diesem Augenblick eine bunt glänzende Ansichtskarte mit Kokospalmen und Sonnenuntergängen vom anderen Ende der Welt schickte? Wie konnte Emil hier bei Budnikowski hinter mir in der Schlange stehen, wenn er doch eigentlich in Mexiko war? Und zudem sah er ja noch nicht einmal richtig aus wie Emil.

Ich wollte es nicht glauben. Aber dieser Emil-Doppelgänger stand die ganze Zeit da und schaute mich

an, als ob er mich kennen würde. Dabei grinste er inzwischen breit wie ein Honigkuchenpferd. So grinsen kann nur Emil, dachte ich, und: Vielleicht ist er es doch?

Der grinsende Doppelgänger packte mich an den Schultern und schüttelte mich, weil ich nur steif dastand und ihn anstarrte. Er schüttelte mich und sagte: „Mensch, Katjenka, das sollte doch eine Überraschung sein!“

Da stellte ich die gelbe Gießkanne einfach ab. Wir drängelten uns an der Schlange vorbei und rannten aus dem Geschäft, sodass bestimmt alle dachten, wir hätten etwas geklaut. Erst als wir vollkommen außer Atem an der nächsten Straßenecke anhielten, merkte ich, dass ich aus Versehen noch die Sonderangebots-Sonnenbrille in der Hand hatte.

4. Wie Icke dreimal ausgerufen wird

Fassungslos starrte ich auf die unbezahlte Sonnenbrille vom Sonderangebotsständer von Budnikowski und sagte nach Luft japsend zu Emil: „Ich glaub, ich hab endgültig einen Sonnenstich … Wieso bist du nicht in Mexiko bei den Raubfischen? Und eigentlich wollte ich doch eine Gießkanne … Und was mach ich jetzt mit dieser Sonnenbrille?“

Emil schlug vor, die Sonnenbrille heimlich zurückzubringen. Ich traute mich aber nicht, denn bestimmt würde ich dabei erwischt werden und alle würden denken, ich hätte die Sonnenbrille geklaut.

„Ich mach es“, bot Emil mir an. Und ich schlug vor, dass ich den Filialleiter ablenken könnte. Der stand nämlich immer im Laden herum und versuchte höflich gelangweilt auszusehen. Aber in Wirklichkeit beobachtete er ununterbrochen mit starrem Blick, ob irgendjemand etwas ohne zu bezahlen einsteckte.

Als wir wieder bei Budnikowski waren, ging ich zum Filialleiter und fragte ihn, ob sie auch Fünf-Liter-Gießkannen in Gelb hätten. Denn ich hatte mir überlegt, dass fünf Liter für die paar Radieschen und das bisschen Petersilie im Garten von Billys Eltern vollkommen ausreichen müssten. Von dem gesparten Geld könnten wir viel besser eine Riesenportion Eis kaufen und Billy damit überraschen. Der Filialleiter musste erst auf eine Leiter steigen und lange im obersten Regal herumräumen, bis er endlich eine passende gelbe Gießkanne fand. In der Zwischenzeit konnte Emil die Sonnenbrille wieder zurückschmuggeln.

Erleichtert stellten wir uns dann mit der Fünf-Liter-Gießkanne an der Kasse an. Mir war immer noch ganz wirr im Kopf. Andauernd musste ich Emil angucken und konnte es noch gar nicht richtig glauben, dass er tatsächlich neben mir stand.

Ich stieß Emil an. „Nun erzähl doch endlich", forderte ich ihn auf, „warum bist du jetzt nicht in Mexiko? Bist du abgehauen?"

„Nein, es ist nichts so Aufregendes", antwortete Emil. „Mein Vater musste nur überraschend auf eine wichtige Geschäftsreise nach Indonesien. Und da ist es eben mit Mexiko nichts geworden." Emil versuchte so zu tun, als wäre ihm das piepeschnurzegal. Aber seine Stimme klang nicht so und beim Erzählen starrte er die ganze Zeit angestrengt auf irgendwelche Sonnencremetuben mit hohem Lichtschutzfaktor.

„Mein Vater hat mir versprochen, dass er im nächsten Jahr ganz, ganz bestimmt mit mir nach Mexiko fliegt und mit mir zusammen Raubfische angelt. Aber ich glaube ihm nicht mehr. Egal." Emils Stimme klang wieder normal. „Mit meinem Dad angeln gehen, ist sowieso reichlich anstrengend. Er wird nämlich ungeheuer schnell ungeduldig und wütend, wenn nicht sofort ein Fisch anbeißt." Emil verdrehte die Augen. Ich grinste.

„Weißt du was, Katjenka? Ich schnitze dir einen Raubfischzahn", versprach Emil, weil er mir ja nun keinen aus Mexiko mitbringen konnte.

Nachdem wir die Gießkanne bezahlt hatten, gingen wir um die Ecke zum Eisladen am Poelchaukamp und kauften zehn Kugeln Eis. Dann eilten wir mit Eis und Gießkanne zum Schrebergarten von Billys Eltern. Unterwegs berichtete ich Emil noch von Oma Rübenkamp und ihrem Kater Alfred und dass heute Abend meine blöde Cousine Hatty aus Berlin kommen würde.

Billy war bereits im Schrebergarten. Sie rutschte auf den Knien zwischen den Radieschen herum und zupfte Unkraut. Emil versteckte sich schnell mit dem Eis hinter den Johannisbeerbüschen und ich schlenderte lässig zu Billy hin. „Überraschung!", rief ich. „Rate, was ich habe!"

Billy zog genervt die Stirn kraus. „Da brauche ich nicht zu raten. Das sehe ich auch so: Du hast eine viel zu kleine Gießkanne gekauft. Da passen doch nie im Leben zehn Liter hinein. Du solltest doch ..."

„Okay, ich gebe dir einen Tipp“, unterbrach ich sie. „Es fängt beides mit E an. Das eine ist kalt und lecker, das andere ist jetzt leider größer als ich und ging mal in unsere Klasse.“

Billy schaute mich verständnislos an, als würde ich nun total spinnen. „Aber da ist doch gar nichts außer dieser Minigießkanne!“

„Doch, da ist noch was“, tönte in diesem Moment eine Stimme aus den Johannisbeerbüschen. „Eis und Emil sind da!“ Und Emil mitsamt dem Eis kam hinter den Büschen hervor.

Billy fiel vor Überraschung fast in die Radieschen. Zur Feier des Tages beschlossen wir, dass an diesem Tag kein einziges Unkraut mehr gezupft werden durfte.

Wir setzten uns auf den kleinen Paddelbootanleger des Schrebergartens, ließen die Füße ins Wasser des Goldbekkanals baumeln, aßen unser Eis und fütterten die Enten mit den Pappwaffeln. Dabei stellten wir fest, dass es eigentlich genial war, dass keiner von uns in den Ferien weggefahren war. Selbst die Tatsche, dass in ein paar Stunden meine Cousine Hatty da sein würde, fand ich plötzlich nicht mehr so schlimm.

Billy und Emil versprachen mir sogar, dass sie mitkommen würden, wenn ich Hatty mit meinen Eltern vom Bahnhof abholen musste.

Billy fragte Emil erstaunt: „Ja, aber erlaubt dir deine Mutter das denn?“ Es war nämlich so, dass Emil, bevor

er ins Internat gekommen war, nie etwas gedurft hatte. Schon vor unserer Von-Zuhause-Weglauf-Geschichte hatte Emils Mutter nicht gewollt, dass ihr Sohn mit Billy und mir zusammen war. Vor allem ich hätte einen schlechten Einfluss auf Emil, hatte sie behauptet. Wir hatten uns deshalb immer nur heimlich treffen können. Niemand verstand Emils Mutter so richtig.

Emil erklärte jedoch nur lässig: „Klar komme ich mit zum Bahnhof. Mehr als mich wieder ins Internat stecken, kann meine Mutter ja nicht."

Ich war sehr verwundert, dass Emil so von seiner Mutter redete, denn früher hatte er oft Angst wegen ihr gehabt und rot verweinte Augen. Emil meinte dann aber, dass nun alles anders wäre. Er fing an von dem Milchkännchen zu reden, das mir mal aus Versehen bei seiner Mutter vom Tisch gefallen war. In tausend Scherben zerbrochen hatte es auf dem Boden gelegen.

Ich verstand nicht, worauf Emil hinauswollte. „Warum erzählst du denn das?", unterbrach ich ihn. Schließlich kann es doch jedem mal passieren, dass ihm so ein leicht zerbrechliches Milchkännchen herunterfällt.

„Mensch, Katjenka", sagte Emil, „weil meine Mutter sich kurz nach der Scheidung von meinem Vater wie ein zerbrochenes Milchkännchen gefühlt hat. Meine Mutter hat die Scheidung nicht gewollt und da hat sie sich an mir festgehalten. Mich wollte sie nicht teilen, mich wollte sie ganz für sich allein."

Aber Emils Mutter interessierte mich nicht besonders. Das Wichtigste war mir, dass Emil jetzt mit uns zusammen sein konnte. „Und", fragte ich Emil, „hat deine Mutter das Milchkännchen nun wieder zusammengeklebt?"

„Du Doofe", sagte Emil und schubste mich dabei fast in den Kanal. „Du hast überhaupt nichts kapiert!" Daraufhin musste er sich schnell an Billy festhalten, denn sonst wäre er im Goldbekkanal gelandet.

Statt uns gegenseitig in den Kanal zu schubsen, fingen wir an, einen Spitznamen für meine Cousine zu suchen. Billy schlug „Icke" vor, weil die Berliner doch immer so komisch reden. Aber Emil meinte, er würde hunderttausend Berliner kennen, die Icke heißen, und Icke wäre langweilig.

„Wie heißt sie noch, deine Cousine?“, fragte Emil.

„Mensch, das weißt du doch, ich rede doch seit Stunden von nichts anderem: Hatty, Hatty …“

„Gut“, unterbrach Emil mich, „nun sprich es einmal nicht ‚Hätty‘, sondern ‚Hatty‘ aus. Dann nimm ein T weg, und setz für das Y ein I ein. Und dann sag es zweimal hintereinander.“

„Und was soll das? Hati-Hati“, sagte ich brav.

„Das ist indonesisch“, erklärte Emil stolz. „Das weiß ich von meinem Vater.“

„Na und?“, fragte ich.

Billy kicherte vor sich hin. „Nun sollst du bestimmt raten, was es heißt.“

Ich hatte keine Lust, ein Wörterbuch indonesischer Wörter durchzuraten. Deshalb behauptete ich einfach, es würde mit Sicherheit „Icke-Icke“ oder so etwas Ähnliches heißen, und drohte Emil: „Wenn du nicht auf der Stelle verrätst, was es heißt, musst du wohl leider doch noch im tuschebraunen Goldbekkanal baden.“

„Okay, okay. Also …“, Emil blies sich auf und tat so, als wäre es eine außergewöhnliche Leistung, wenn jemand zwei gleiche Wörter Indonesisch kann. „Also, Kinder, ‚hatihati‘ heißt auf Deutsch so viel wie ‚Vorsicht‘.“

Von da an hieß Hatty bei uns nur noch Hati-Hati.

So richtig viel Lust hatte ich ja nicht, Hatty vom Bahnhof abzuholen. Deshalb bin ich wahrscheinlich aus Versehen zu spät mit Billy und Emil zu mir nach Hause gekommen. Meine Eltern waren schon fort. Ein Zettel lag auf dem Küchentisch:

Katjenka, wo bleibst du? Warum hast du dein Handy nicht eingeschaltet?
Wir sind jetzt los zum Bahnhof, Hatty abholen.
Mama und Papa

Wir sind dann aber ebenfalls noch mit dem Bus zum Hauptbahnhof gefahren, nicht wegen Hatty, sondern hauptsächlich, weil wir den Bahnhof so spannend finden.

Da die Sommerferien gerade angefangen hatten, war dort auch ungeheuer viel los. Auf den Bahnsteigen wimmelten aufgeregte Ferienreisende wie Ameisen herum. Wir stolperten über großes Reisegepäck, spielten Slalomlaufen und rannten „Hati-Hati“ schreiend über Bahnsteige, an denen nie im Leben ein Zug aus

Berlin ankam. Ich hoffte sehr, dass meine Eltern mich nicht sahen.

Als wir vollkommen aus der Puste waren, schlug Emil vor, etwas Ruhigeres zu spielen: „Ausrufen lassen, zum Beispiel.“ Das ist ein Spiel, das Billy und ich Emil lieber allein spielen lassen wollten. Wir hätten uns vor Lachen bestimmt in die Hosen gemacht, deshalb guckten wir nur zu.

Emil ging ganz ernst und ohne zu lachen zum Aufsichtspersonal auf dem Bahnsteig. Er erzählte dem Mann etwas mit betroffenem Gesichtsausdruck und hängenden Schultern. Der Bahnaufsichtsmensch schaute zwar erst leicht irritiert auf Emil. Aber Emil redete so lange eindringlich auf ihn ein, bis er sich seinem Mikrofon zuwandte. Und dann war es doch tatsächlich laut und deutlich im gesamten Bahnhof aus sämtlichen Lautsprechern zu hören: „Die kleine Icke Hati-Hati wird gebeten, sich umgehend beim Aufsichtspersonal auf Gleis 13 zu melden, ihr Onkel Emil wartet dort auf sie. Icke Hati-Hati, bitte komme zum Aufsichtspersonal auf Gleis 13."

Ich fasste es nicht, wie Emil so etwas hinbekommen hatte. Emil erklärte uns später, dass der Bahnaufsichtsmensch ihm erst nicht so richtig glauben wollte, dass es Kinder gibt, die so seltsam heißen. Auch meinte er, Emil sei doch noch entschieden zu jung, um Onkel zu sein. Emil hat dem Mann aber erklärt, dass Icke das kleine Adoptivkind seines großen Bruders sei und dass es alles schon seine Richtigkeit habe. Und wenn der Mann jetzt nicht auf der Stelle den Ausruf machen würde, bekomme Emil höllischen Ärger mit seinem großen Bruder. „So ein kleines, unschuldiges Kind", hat Emil gejammert. Da hat der Bahnaufsichtsmann endlich den Ausruf gemacht. Gleich dreimal hintereinander rief er die kleine Icke Hati-Hati über alle Bahnsteige aus.

Inzwischen machten wir uns lieber aus dem Staub. Wir gingen in den Zeitschriftenladen in der Wandelhalle und guckten uns dort so lange Comics an, bis der Mann an der Kasse uns rausschmiss, weil er merkte, dass wir doch nichts kaufen wollten.

5. Hati-Hati und die Jungs vom Toilettenhäuschen

Als wir wieder am Mühlenkamp waren, verabschiedeten wir uns wie früher mit lauten Ahoi-Rufen voneinander. Mit einem glücklichen Emil-Billy-ich-und-die-Ferien-Gefühl ging ich nach Hause. An Hati-Hati hatte ich gar nicht mehr gedacht. Aber als ich in die Wohnung kam, war sie dann leider doch da. Sie hatte Kater Alfred auf dem Schoß und der schnurrte wie ein Rasenmäher. Hati-Hati kraulte ihn am Kinn und sagte, dass sie Katzen schrecklich lieb habe und dass Alfred bei ihr im Bett schlafen solle. Anscheinend ist sie nicht allergisch gegen Katzen, dachte ich enttäuscht. Aber sie hätte mich wenigstens fragen können, ob sie meinen Kater streicheln darf.

Bevor meine Eltern mich vorwurfsvoll ausfragen konnten, wo ich denn gewesen sei, flüchtete ich schnell in mein Zimmer. Aber es war nicht mehr mein Zimmer. Hati-Hati hatte bereits ihre Sachen ausgepackt und ihren gesamten Kofferinhalt in meinem Zimmer ausgebreitet: tausend Hosen, Röcke, T-Shirts, Unterwäsche für zehn Jahre und ungefähr hundert Paar Schuhe. Aus meinem Schreibtisch hatte sie einen Schminktisch gemacht. Mein Zimmer roch nicht einmal mehr wie mein Zimmer. Es stank nach Hati-Hatis Parfüm und ich fühlte mich genauso unwohl, wie ich es mir vorgestellt hatte. Ich tröstete mich nur damit, dass ich sowieso die meiste Zeit mit Billy und Emil im Schrebergarten verbringen würde. Sollte Hati-Hati von mir aus mit meinem Zimmer machen, was sie wollte.

Doch ich hatte mal wieder nicht mit meinen Eltern gerechnet. Die hatten sich nämlich schon ein komplettes Hati-Hati-Ferienprogramm ausgedacht. Gnädig meinten sie, ich könne ja Billy und Emil mitnehmen. Ich sagte nichts von dem Schrebergarten, behauptete aber, dass Emil, Billy und ich jeden Tag auf den Bauspielplatz wollten. Weil sie da doch so ein tolles Ferienprogramm hätten. Genau wie ich es erwartet hatte, rümpfte Hati-Hati erwachsen die Nase. Sie warf ihre frisch gewaschenen Haare zurück und sagte: „Da komme ich nicht mit. Für so einen Kinderkram bin ich schließlich entschieden zu alt."

Gerettet!, dachte ich.

Doch da wandte Mama sich an mich: „Ihr wollt zum Bauspielplatz, Katjenka? Frau Kaja aus dem vierten Stock hat mir gerade vorhin erzählt, dass der Bauspielplatz wohl geschlossen wird. Einer der Bauspielplatz-Betreuer hat die Röteln bekommen. Der Sohn von Frau Kaja hat auch schon so seltsame rote Flecken im Gesicht und Halsschmerzen. Auf gar keinen Fall gehst du mir auf den Bauspielplatz. Ich habe keine Lust, neben meinem Computerlehrgang auch noch drei rötelnkranke Kinder zu pflegen."

„Dann kann Papa uns ja pflegen", entgegnete ich.

„Red keinen Unsinn", sagte Mama und fuhr einfach fort zu erzählen, wie sie sich das Hati-Hati-Ferienprogramm für den morgigen Tag vorstellte.

Zähneknirschend versuchte ich mich damit abzufinden, die nächsten Tage mit Hati-Hati zu verbringen. Es gelang mir aber nicht. Billy, Emil und ich, wir mussten uns dringend etwas Geniales einfallen lassen, damit das nicht sechs Wochen lang so weiterging.

Mein Bruder Jo hielt sich mal wieder prima aus allem heraus. Erst sagte er: „Ich zieh doch nicht sechs Wochen lang jeden Tag mit einem Kindergarten durch die Gegend." Daraufhin verlangten Mama und Papa jedoch, dass er sich wegen Unhöflichkeit bei Hati-Hati entschuldigte. Das tat er dann ganz zuckersüß. Worauf er sich schnell etwas Neues ausdachte: „Ich muss so viel für die Schule nachholen und vorbereiten. Deshalb kann ich leider unmöglich jeden Tag Ausflüge machen." Das haben meine Eltern ungläubig akzeptiert.

Am nächsten Tag war schlechtes Wetter. Es regnete. Und so war es dann auch den Rest der Woche. Jeden Tag zogen Billy, Emil und ich mit Hati-Hati los und zeigten ihr Hamburg. Aber alles, was wir ihr präsentierten, machte sie irgendwie schlecht.

„Und überhaupt", sagte Hati-Hati bereits nach dem ersten Tag, „in Berlin ist sowieso alles viel toller. In Ber-

lin gibt es neunzigtausend Hunde, viel tollere Typen, viel mehr Brücken als in Venedig und das Wetter ist auch viel besser als in Hamburg."

Emil entgegnete: „In Hamburg gibt es aber viel mehr Brücken als in Berlin."

Aber selbst als wir mit Hati-Hati auf den Fernsehturm fuhren, der immerhin 279 Meter hoch ist, musste Hati-Hati nörgelnd auftrumpfen. Ich bin immer vollkommen begeistert, von so hoch oben herunterzugucken. Die ganze Stadt sieht aus wie Spielzeug zum In-die-Tasche-Stecken: so viele Häuser, so viele Autos, so viele Menschen. „Bis in die Harburger Berge kann man gucken“, sagte ich beeindruckt zu Hati-Hati.

„Pah“, sagte Hati-Hati, „das ist doch gar nichts gegen den Fernsehturm am Alex in Berlin.“ Von dem aus könne man bis nach Polen gucken, behauptete sie.

Billy, Emil und ich überlegten des Öfteren, ob wir Hati-Hati nicht einfach mal aus Versehen irgendwo verlieren sollten. Wir ließen es dann aber doch lieber, weil ich an das Theater dachte, das meine Eltern veranstalten würden, wenn ich ohne Hati-Hati nach Hause käme.

Billy wurde immer genervter. Denn jeden Abend musste sie allein in dem Schrebergarten Unkraut zupfen. Nie konnten wir zusammen dort hingehen, denn wir wollten Hati-Hati nicht dabei haben. Die ganze Woche über dachten wir krampfhaft darüber nach, wie wir Hati-Hati loswerden könnten. Aber es fiel uns nichts ein.

Wegen Hati-Hati mussten wir auch immer wieder große Umwege machen. Erst fiel es uns ja nicht so auf. Aber dann wunderten wir uns irgendwann doch, weshalb Hati-Hati manchmal schlagartig gute Laune bekam. Billy bemerkte als Erste, dass es immer dann war, wenn ein nur halbwegs gut aussehender 15-jähriger Junge in der Nähe war. Dann schleuderte Hati-Hati regel-

mäßig besonders heftig ihre Haare nach hinten. Sie sprach affektiert und lachte laut. Dabei guckte sie immer heimlich, ob die Jungen sie auch beachteten. Besonders fiel uns das auf, wenn wir zur Bushaltestelle gingen. Da mussten wir immer an den Glascontainern vorbei, die neben dem ehemaligen Toilettenhäuschen am Goldbekmarkt standen. Dort saßen meist mindestens drei 15-jährige Jungen auf der Bank. Wegen Hati-Hati mussten wir nun jeden Tag bei den Containern vorbei, auch wenn wir eigentlich in eine vollkommen andere Richtung gehen wollten. Hati-Hati sagte uns nicht den Grund dafür. Bestimmt dachte sie, wir wären blöd und würden es nicht merken.

6. Luftballons und Himmelbetten

Am Sonntag konnten Billy, Emil und ich nicht beim Hati-Hati-Ferienprogramm mitmachen. Billy musste ihren Eltern ausnahmsweise auf dem Fischmarkt helfen und Emils Mutter wollte Emil wenigstens an einem Tag der Woche bei sich haben. Darum war ich fast froh, als meine Eltern Hatty und mir am Frühstückstisch verkündeten, dass wir am Nachmittag zum Sommerfest im Pflegeheim gehen und Oma Rübenkamp besuchen würden.

„Iiih!", machte Hati-Hati und hielt sich die Nase zu. „Pflegeheim, da sind doch nur haufenweise alte Leute! Da stinkt es doch immer so und ist tödlich langweilig. Muss ich da mit hin?"

Da schaute meine Mutter Hati-Hati endlich einmal nicht wohlwollend an, sondern erklärte ihr kurz und knapp, dass für Hati-Hati keine Ausnahme gemacht werde, schließlich würde auch sie einmal alt werden.

„Ich werde nicht alt", sagte Hati-Hati.

Aber Mama hat ihr nicht mehr zugehört, sondern angefangen mit Papa über Oma Rübenkamp zu reden.

„Es wird Zeit, dass du es der Oma endlich sagst. Die arme Frau glaubt doch sonst immer noch, dass sie irgendwann wieder in ihre Wohnung zurückkann."

Papa murmelte irgendetwas, von wegen, dass es noch nicht der richtige Zeitpunkt sei und die Oma sich erst einmal im Pflegeheim einleben solle, dann könne sie das mit ihrer Wohnung auch besser verkraften.

Ich dachte, ich höre nicht richtig: Die wollten Oma die Wohnung wegnehmen, ohne dass die Oma etwas davon erfährt! Bis dahin hatte ich immer gedacht, meine Oma möchte, dass ihre Wohnung gekündigt wird, und dass sie es gut findet, im Pflegeheim zu sein und gepflegt zu werden. Weil sie doch seit dem blöden Schlaganfall ihre rechte Hand nicht mehr fühlte und auch nicht mehr so richtig gut laufen konnte.

„Das sag ich der Oma", erklärte ich meinen Eltern.

„Kein Wort wirst du der Oma davon sagen", befahl Papa übermäßig laut und regte sich sehr auf. Ich solle der Oma das Sommerfest nicht verderben, meinte er und drohte mir mit Fürchterlichem, wenn ich es doch täte. „Oma ist jetzt nun mal ein Pflegefall und am besten im Heim aufgehoben. Punkt. Aus." Und damit war für Papa die Diskussion beendet.

Auf der Fahrt zur Oma hörte ich, wie Papa leise, damit wir es nicht hörten, zu Mama sagte: „Nie im Leben will ich, wenn ich alt bin, in so ein Pflegeheim." Etwas Schrecklicheres könne er sich gar nicht vorstellen.

Als wir zum Pflegeheim kamen, stand die Oma schon mit so einem komischen Gestell am Eingang und hat auf uns gewartet. Das Gestell nennt sich Rollator. Es hat kleine Räder und zwei Griffe. Das Gehrad kann man vor sich herschieben und sich daran festhalten, wenn man nicht mehr so gut laufen kann.

Oma Rübenkamp blinzelte heftig mit den Augen, als ob sie gleich weinen müsste. „Was freue ich mich, Kinder, dass ihr mich endlich mal besuchen kommt", sagte sie, und: „Los, jetzt stürzen wir uns ins Vergnügen. Dahinten gibt es Kaffee und Kuchen und nachher spielt sogar noch ein Feuerwehrblasorchester."

„Oh. Menno", maulte Hati-Hati leise vor sich hin, „das verspricht ja ungeheuer aufregend zu werden."

Oma Rübenkamp ist für Hati-Hati ja nur irgendeine fremde Frau mit einem Rollator gewesen. Sie hat meine Oma an diesem Tag zum ersten Mal in ihrem Leben gesehen und ist auch kein bisschen mit ihr verwandt.

Im Schneckentempo gingen wir nun mit Oma Rübenkamp durch das Pflegeheimgelände. Denn trotz des Rollators ist Oma nicht besonders schnell gewesen. Hati-Hati schlenderte noch langsamer hinterher und tat so, als ob sie nicht dazugehören würde.

Bestimmt hält Hati-Hati mal wieder Ausschau nach irgendwelchen Jungen, dachte ich. Auf dem Pflegeheimgelände waren jedoch nicht sehr viele Jungen, die aussahen, als wären sie 15 Jahre alt. Hauptsächlich gab es dort uralte Leute, bei denen ich nie schätzen kann, wie alt sie sind. Ich kümmerte mich nicht weiter um Hati-Hati und auch den anderen fiel nicht auf, dass sie gar nicht mehr wiederkam, nachdem sie gesagt hatte, sie gehe mal eben eine Toilette suchen.

Wir saßen friedlich an einem der vielen im Freien aufgestellten Tische. Meine Eltern unterhielten sich bemüht fröhlich mit der Oma und tranken Kaffee. Überall hingen Luftballons und flatterten bunte Fähnchen. Ich langweilte mich ein bisschen, darum guckte ich von meinem Platz aus in der Gegend herum: Noch nie hatte ich so viele alte Menschen auf einem Haufen gesehen. Einige sahen gar nicht so aus, als ob sie gepflegt werden müssten. Andere gingen am Stock oder an Krücken oder saßen im Rollstuhl. Oder sie hatten einen Rollator wie die Oma. In einer schattigen Ecke standen große Krankenhausbetten, die am Kopfende ein Gestell hatten, über dem ein Bettlaken hing. Dadurch sahen die Betten aus wie große Himmelbetten.

„Oma, warum stehen die Himmelbetten da herum?“

Oma erklärte mir, dass darin die Bettlägerigen seien, die sollten auch etwas vom Sommerfest haben. Darum hätten die Pfleger sie nach draußen gebracht.

Gerade hüpfte ein roter Luftballon, der sich irgendwo losgerissen hatte, an mir vorbei. Ich dachte, vielleicht freut sich so ein Bettlägeriger ja, wenn ich ihm einen Luftballon schenke. Außerdem war ich neugierig und wollte eigentlich fragen, wie man sich in so einem Himmelbett fühlt und was die Leute so den ganzen Tag machen.

Aber als ich in das erste Himmelbett schaute, erschrak ich so, dass ich nichts mehr fragen konnte. Ein furchtbar hagerer, faltiger Mensch mit großen Augen lag darin. Ich konnte nicht erkennen, ob es ein Mann oder eine Frau war. Der Mensch schaute mich an, aber ich hatte das Gefühl, dass er mich gar nicht sah, sondern durch mich hindurchschaute und irgendwas sah, was ganz weit hinter mir war. Gleichzeitig murmelte dieser Mensch fortwährend leise etwas vor sich hin, was klang wie: „Wo ist meine Mutter? Meine Mutter soll kommen. Mutti, komm und hol mich hier raus!" Ich bekam Schüttelfrost, obgleich es sehr heiß war. Ganz vorsichtig legte ich dem Himmelbettmenschen den roten Luftballon auf die Bettdecke und lief schnell weg.

Meine Eltern hatten gar nicht mitbekommen, dass ich fort gewesen war. Aber Oma sagte, ich solle mich mal zu ihr setzen. „Komm", sagte sie, „kneif mich mal in die rechte Hand!"

Ich verstand nicht, was das sollte. Aber weil ich irgendwie so wütend-traurig-durcheinander war, kniff ich die Oma kräftig in die Hand. Ich wusste ja, dass ihr das nichts ausmachte, da sie kein Gefühl mehr in ihrer rechten Hand hatte.

„Auuua!“, quietschte Oma jedoch schmerzverzerrt auf.

Ich schaute sie erschrocken an. Doch die Oma lachte und sah ganz glücklich aus. Sie habe nämlich jetzt

wieder etwas Gefühl in ihrer rechten Hand, erklärte sie mir, und darüber sei sie sehr froh.

„Ist euch das gar nicht aufgefallen? Ohne die Hand könnte ich gar nicht laufen, weil ich mich doch an dem Rollator festhalten muss. Jeden Tag übe ich nun ein bisschen“, erzählte die Oma stolz.

Papa schien gar nicht zugehört zu haben, worüber Oma und ich eben gesprochen hatten. Er tätschelte der Oma freundlich die Schulter und sagte: „Das wird schon wieder, Oma!“ Obwohl er zu Hause genau das Gegenteil behauptet hatte. Aber jetzt fing Papa an, immer wieder zu betonen, wie schön es hier sei und die

Oma habe im Heim doch auch immer nette Gesellschaft.

„Gesellschaft?“, fragte die Oma nach. „Meinst du das Dreibettzimmer, in dem ich untergebracht bin? Da kann ich mir gar nicht aussuchen, ob ich Gesellschaft haben will oder nicht. Nie und nirgendwo kann ich still allein für mich sein und ruhige Gedanken haben.“

Ich dachte an mein Zimmer und Hati-Hati und konnte die Oma gut verstehen.

Papa hörte der Oma aber anscheinend wieder nicht richtig zu. Stattdessen hörte er nicht auf, die Vorzüge des Pflegeheims zu preisen.

„Quatsch“, unterbrach Oma ihn irgendwann. „Heute ist es ganz schön hier: Die Sonne scheint und es ist viel Besuch mit Kindern und Hunden da. Aber normalerweise sind hier nur alte Leute und andauernd steht der Leichenwagen vor der Tür und holt jemanden ab.“

„Aber Mutter!“, rief Papa aus.

„Lange halte ich das hier nicht mehr aus“, fuhr Oma fort. „Sobald es mir besser geht, will ich so schnell wie möglich wieder nach Hause in meine Wohnung.“

Dann gab es plötzlich ein unangenehmes Schweigen und Papa schaute streng und warnend zu mir hinüber, damit ich jetzt bloß nichts von Omas Wohnung erzählte.

Ich war wütend auf Papa und Oma hat mir leidgetan. Darum habe ich ihr später heimlich versprochen, dass ich sie morgen zusammen mit Billy und Emil besuchen komme. Ich würde ihr auch ihren Kater Alfred Rübenkamp mitbringen, damit sie ihn endlich einmal wiedersehe. Von dieser Idee war ich selber ganz begeistert, denn bestimmt würde Hati-Hati keine Lust dazu haben, morgen schon wieder ins Pflegeheim zu gehen.

Ich erzählte Oma, dass ihr Kater sich bei uns gut eingelebt habe. „Nur leider ist meine Cousine Hatty gar nicht gegen Katzenhaare allergisch", vertraute ich Oma an.

Als ich Hattys Namen nannte, sprang Mama entsetzt auf. Sie schaute wild nach allen Seiten. „Um Himmels Willen, wo ist die Hatty nur?", rief sie. „Ich habe die Verantwortung. Hoffentlich ist dem Kind nichts passiert!"

Eigentlich wollte Oma uns noch ihr Zimmer zeigen. Aber meine Eltern hörten ihr nun gar nicht mehr zu. Sie machten sich nur noch Sorgen um Hati-Hati. Immer wieder versuchten sie, sie auf ihrem Handy zu erreichen. Doch ohne Erfolg.

„Entweder hört sie das Klingeln nicht oder sie hat ihr Handy gar nicht mitgenommen", vermutete Papa.

Das gesamte Pflegeheimgelände mussten wir nach Hatty absuchen. Weil Oma mit ihrem Rollator so schneckenlangsam war, konnte sie bei der Hati-Hati-Suche nicht mithelfen.

„In einer halben Stunde beim Auto!“, rief Papa mir noch zu.

Mama und Papa verabschiedeten sich nicht einmal richtig von der Oma. Aufgeregt stürzten sie in verschiedene Richtungen los, um nach Hati-Hati zu suchen.

Oma schaute meinen Eltern traurig hinterher. Ich nahm Oma in den Arm und kniff sie noch einmal in die rechte Hand. Aber ganz zart.

„Autsch“, machte Oma und sah schon nicht mehr ganz so traurig aus.

„Bis morgen, Oma, mit Alfred Rübenkamp.“ Ich winkte der Oma lange hinterher, als sie langsam mit ihrem Rollator zu ihrem Block ging. Immer wieder drehte sie sich um. Aber sie winkte nicht, weil sie sich ja mit beiden Händen festhalten musste.

Als ich beim Auto ankam, waren Mama und Papa schon da. Aufgeregt und ohne Hati-Hati. Papa meinte, dass es nun keinen Sinn mehr habe, hier weiterzusuchen. „Nun bleibt uns nur noch, nach Hause zu fahren. Wenn Hatty dort auch nicht ist, dann müssen wir die Polizei benachrichtigen.“

7. Von verlorenen Jahren und verzauberten Thunfischdosen

Wir mussten die Polizei dann aber doch nicht benachrichtigen. Denn als wir nach Hause kamen, stand Hati-Hati vor unserer Haustür. Sie hatte rote Wangen und glänzende Augen. Mama glaubte zuerst, Hati-Hati hätte geweint oder sie hätte Fieber.

Aber Hati-Hati hatte die beste Laune der Welt. Meinen Eltern gegenüber tat sie allerdings so, als wäre es ihr furchtbar schlecht gegangen. Sie jammerte: „Ihr seid mit einem Mal spurlos verschwunden! Und ich hatte mein Handy nicht mit." Mindestens hundert fremde Menschen hätte sie nach dem Weg fragen und mit drei verschiedenen Bussen fahren müssen, bis sie endlich zu unserem Haus in der Schinkelstraße gefunden hätte.

Ich fand, dass Hati-Hati nicht echt wie ein Kind klang, das sich einsam und allein in einer fremden Stadt verirrt hatte. Außerdem stimmte es ja auch gar nicht, dass wir spurlos verschwunden waren. Stundenlang hatten wir mit der Oma an ein und demselben

Platz gesessen. Meine Eltern kamen jedoch nicht im Traum auf die Idee, dass Hati-Hati vielleicht etwas herumspann. Mama und Papa waren einfach viel zu froh, dass Hati-Hati wieder da war.

Mama befühlte Hati-Hati besorgt die Stirn, weil sie doch so hektisch rot glühte und ihre Augen wie im Fieber glänzten. „Geht es dir schlecht, mein Liebes?“, fragte Mama.

Hati-Hati nickte. „So besonders gut geht es mir nicht“, antwortete sie. „Ich möchte mich jetzt lieber gleich hinlegen.“

In meinem Zimmer drehte Hati-Hati erst einmal ihre Lieblingsmusik auf volle Lautstärke. Dazu machte sie ganz gesund wilde, verrenkte Gymnastikübungen durchs Zimmer. Bis Papa aus der Küche rief, ich solle gefälligst die Musik leiser machen und Rücksicht auf meine kranke Cousine nehmen.

Da stellte Hati-Hati die Musik leiser, schmiss sich auf ihre Matratze und starrte den Rest des Abends mit verzücktem Gesichtsausdruck vor sich hin.

Ich kapierte nicht, was mit ihr los war. Erhöhte Temperatur hatte sie jedenfalls nicht. Das hatte Mama extra gemessen.

Ich rief Billy und Emil an und sagte ihnen Bescheid, dass wir morgen mit Alfred Rübenkamp einen Ausflug zu meiner Oma ins Pflegeheim machen würden. Und dass Hati-Hati dazu garantiert keine Lust habe.

Am nächsten Morgen erklärte ich beim Frühstück, dass ich heute leider nicht mit Hati-Hati Ferienprogramm machen könne, weil ich der Oma gestern versprochen habe, heute noch einmal zu ihr zu kommen, um für sie wichtige Erledigungen zu machen.

„Dazu hast du doch bestimmt keine Lust, oder?", fragte ich Hati-Hati freundlich, denn ich war mir hundertprozentig sicher, dass sie nicht mitwollte.

Hati-Hati, die eben noch still vor sich hin grübelnd dagesessen hatte, strahlte mich an: „Klar will ich mit ins Pflegeheim, deine Oma besuchen." Große Lust habe sie und komme schrecklich gern mit. Hati-Hati war so voller Begeisterung, als wäre das nun das absolute Spitzen-Ferienprogramm, das sämtliche Berlin-Attraktionen in den Schatten stelle. Ich verschluckte mich an meinen Cornflakes und kapierte mal wieder überhaupt nichts.

Wenigstens gelang es mir, Omas Kater Alfred heimlich für den Transport zu verpacken. Als Hati-Hati jedoch nach einer halben Stunde endlich fertig geschminkt war, musste sie natürlich als Erstes über den Alfred-Karton stolpern und dazu in voller Lautstärke über den Flur brüllen: „Was ist denn da in dem alten, löchrigen Karton? Und wieso bewegt der sich eigentlich?"

Ich schaute Hati-Hati bitterböse an und machte ihr mit wilder Gestik Zeichen, den Mund zu halten. Glücklicherweise war Mama schon zu ihrem Computerkurs gegangen und Papa war gerade dabei, am Telefon eine Anzeige in der Zeitung aufzugeben, weil er doch Oma Rübenkamps Wohnungseinrichtung verkaufen wollte.

Schnell schnappte ich mir den Alfred-Karton und sagte zu Hati-Hati: „Ich gehe jetzt los."

Unten an der Haustür standen Billy und Emil und warteten bereits. Als sie sahen, dass Hati-Hati hinter mir die Treppe herunterkam, verdrehten sie beide die Augen und schauten mich verständnislos an. Ich zuckte nur mit den Schultern, denn erklären konnte ich es ihnen ja sowieso nicht.

Auf dem Weg zur Bushaltestelle trugen Billy, Emil und ich abwechselnd den tobenden Alfred-Karton. Genau wie gestern auf dem Pflegeheimgelände ging Hati-Hati zehn Schritte hinter uns und tat so, als ob sie uns nicht kennen würde. Nur einmal rief sie zu uns nach vorn: „Wie lange wollt ihr denn in diesem blöden, stinkigen Pflegeheim bleiben?"

„Keine Ahnung." – „Weiß nicht." – „Mal gucken", antworteten wir, ohne uns dabei nach Hati-Hati umzusehen. „Tausendundeine Nacht vielleicht!", rief Emil auch noch zurück. Billy, Emil und ich, wir prusteten vollkommen albern los.

Hati-Hati findet das bestimmt nicht komisch, dachte ich und drehte mich nach ihr um, weil ich so gern ihren Gesichtsausdruck sehen wollte. Aber genau wie gestern im Pflegeheim war Hati-Hati mit einem Mal spurlos verschwunden. Hinter mir war nur noch ein menschenleerer, mit Autos zugeparkter Fußweg.

Billy und Emil hatten nicht mitbekommen, dass Hati-Hati verschwunden war. Darum lief ich schnell ein paar Schritte voraus und rief dramatisch mit unheimlicher Stimme: „Achtung, Achtung, hier kommt der große Zampano! Schauen Sie nach vorn und nicht zurück. Wenn Sie zurückschauen, kann der Zauber nicht wirken. Achtung, aufgepasst: Ich werde jetzt dieses unerträgliche Mädchen mit dem Namen Hati-Hati in eine Dose Thunfisch verzaubern! Arne-Barne-Hanke-Panke-Icke-Icke-Hati-Hati“, murmelte ich, was überhaupt keinen Sinn ergab. Aber ich sagte es mit eindringlichen Handbewegungen vor mich hin und schaute Billy und Emil dabei hypnotisierend in die Augen.

Die beiden waren schwer beeindruckt, als sie sich umdrehten und da tatsächlich keine Hati-Hati mehr war. Sie war verschwunden – und aus meiner Hosentasche holte ich eine Dose Thunfisch hervor. Die hatte ich mitgenommen, falls Omas Kater auf unserem Ausflug Hunger bekommen sollte.

Weil Hati-Hati am Tag zuvor auch wieder aufgetaucht war, dachten wir, dass es heute sicher auch wieder so sein würde. Wir machten uns daher keine weiteren Gedanken um Hati-Hati, suchten sie nicht und versuchten auch nicht, sie auf ihrem Handy zu erreichen. Wir fanden es einfach nur fantastisch, dass wir sie endlich losgeworden waren.

Unterwegs im Bus klaute Emil mir die Hati-Hati-Thunfischdose. Er fing an, auf die Dose zu klopfen und „Arne-Barne-Hanke-Panke …“ zu murmeln, als wolle er Hati-Hati wieder in ihre richtige Gestalt zurückverwandeln. Ich kreischte auf, als ob es schrecklich gefährlich wäre, was Emil da tat. Ich stürzte mich auf ihn, um ihm die Thunfischdose zu entreißen. Wir rangelten und kicherten herum, bis der Busfahrer vorn in sein Mikrofon brüllte: „Wenn dahinten nicht gleich Ruhe ist, fliegt ihr raus!“

Da schlug Emil vor, wir sollten die Thunfischdose öffnen, um zu gucken, ob Omas Kater Hati-Hati mag. An meinem Arm führte Emil vor, wie Alfred Hati-Hati auffressen würde. Die ganze Fahrt über war Emil vollkommen überdreht.

Wir mussten endlos lange fahren. Mit dem Auto war das am Sonntag alles viel schneller gegangen. Zweimal mussten wir umsteigen, bis wir dann auch noch verkehrt ausgestiegen sind. Am Ende dachte ich, ich finde dieses Pflegeheim überhaupt nicht mehr wieder. Denn die Schilder „Hier zum Sommerfest“, die gestern noch an jeder Straßenecke gestanden hatten, waren verschwunden.

Wir fragten einen alten, gebeugten Mann nach dem Weg. Der Mann hatte keine richtigen Schuhe, sondern nur Hausschuhe an und ich dachte, dass er vielleicht auch aus Omas Heim ist. Mit einer Hand presste der Mann eine Aktentasche an sich. Mit der anderen Hand wies er auf unsere Frage unbestimmt in verschiedene Richtungen. Gleichzeitig fragte er uns nach der Uhrzeit.

Billy schaute auf ihre Uhr und sagte: „Ungefähr halb elf. Aber meine Uhr geht ein bisschen vor.“

„Oh“, sagte der alte Mann und schien ernsthaft erschrocken zu sein. „So spät schon!“ Das hätte er nicht gedacht. Dann müsse er sich jetzt beeilen. „Ich habe schon so viel Zeit verloren“, erzählte der Mann weiter. „Vielleicht hole ich sie noch ein. Hier in meiner Aktentasche habe ich sie, all die verlorenen Jahre. Vielleicht zeige ich sie euch ein anderes Mal.“ Woraufhin er eilig in seinen Hausschuhen davonschlurfte.

8. TAUSEND JAHRE IM KARTON

Emil schaute dem gebeugten Mann mit seinen verlorenen Jahren eine ganze Zeit lang hinterher. „Könnt ihr euch vorstellen, so alt zu werden?", fragte er Billy und mich.

„Nö", sagte Billy, „ich kann mir ja noch nicht einmal vorstellen, wie es ist, erwachsen zu sein."

„Soll ich euch was verraten?", fragte Emil uns dann und tat mal wieder ungeheuer geheimnisvoll, so, als würde er uns gleich wieder irgendein außergewöhnliches indonesisches Wort verraten. „Eigentlich bin ich nämlich unsterblich", behauptete Emil. „Und in Wirklichkeit bin ich auch nicht neuneinhalb Jahre. Wie alt ich genau bin, weiß ich gar nicht, weil ich schon so endlos viele Jahre lebe." Emil wies auf den Alfred-Karton. „Tausend Jahre habe ich hier im Karton. Wenn ihr nett seid, zeige ich sie euch vielleicht mal."

Weil der alte Mann mit seiner Aktentasche aber so ernsthaft traurig ausgesehen hatte über seine verlorenen Jahre, konnten wir über Emils Jahre im Karton nicht so richtig lachen. Auch, weil der Emil dabei nicht echt fröhlich geklungen hat. Den ganzen Vormittag über war er schon so seltsam. Ich hatte aber keine Lust, ihn zu fragen, was mit ihm sei. Denn bestimmt hätte er nur wieder gesagt, dass nichts sei. Das macht Emil immer so, auch wenn er sterbensunglücklich ist.

Wir gingen dann einfach in die Richtung, aus der der alte Mann gekommen war. Und dort war dann auch tatsächlich das Pflegeheim. Ich hatte gehofft, die Oma würde wie gestern am Eingang beim Pförtner stehen und auf uns warten. Aber es war alles ganz anders als gestern auf dem Sommerfest. Von den Bäumen flatterten keine bunten Luftballons mehr. Die rot blitzenden Feuerwehrautos waren verschwunden. Und kein einziger Pfleger lief mehr mit guter Laune und heißen Würstchen und Kartoffelsalat umher. Die Häuserblocks sahen alle gleich aus und ich wusste nicht mehr, in welchem Oma Rübenkamp wohnt.

„Ruf sie doch an", schlug Billy vor. „Dann kann sie dir sagen, wo sie wohnt." Ich hatte jedoch Omas Nummer nicht in meinem Handy gespeichert.

Wir gingen in mehrere Häuser hinein, aber immer waren es die falschen. Auf den langen Fluren hetzten Pflegerinnen furchtbar beschäftigt an uns vorbei und hatten keine Zeit für uns.

Eine alte Frau kam uns auf dem Flur entgegen und starrte uns neugierig an. „Sucht ihr die Frau, die gestern gestorben ist?", fragte sie uns.

Ich bekam einen kalten Schreck und dachte, vielleicht meint die Frau tatsächlich meine Oma.

Von dem Geruch aus Mittagessenblumenkohl, Putzmittel und Urin wurde mir mit einem Mal entsetzlich übel und ich rannte schnell hinaus ins Freie. Nein, dachte ich, die Frau kann nicht meine Oma gemeint haben. Die Oma war doch gestern noch ganz lebendig.

Und es ist auch nicht meine Oma gewesen, die gestorben war, sondern eine 100-jährige Krankenschwester. Das berichteten Emil und Billy, als sie nach einer endlosen Ewigkeit ebenfalls wieder aus dem Gebäude herauskamen. Da war ich sehr erleichtert, denn Krankenschwester ist die Oma nie gewesen. Oma Rübenkamp hat in einer Fabrik gearbeitet und 100 Jahre alt war sie noch lange nicht.

„Puuuhah", stöhnte Billy auf und schmiss sich neben mir auf die Bank. „Bin ich froh, dass ich da wieder raus bin! Die alte Frau hat mich am T-Shirt festgehalten und wollte gar nicht, dass ich wieder weggehe."

Emil nickte und sank ebenfalls erschöpft neben uns nieder. „Wir mussten uns tausend Geschichten über die verstorbene Krankenschwester anhören. Die ist nämlich immer einfach in alle Zimmer hineingegangen, hat die Radios ausgeschaltet, die Fenster geschlossen, das Licht ausgemacht und gesagt, die Leute sollten jetzt endlich schlafen und Ruhe geben. Weil sie das ununterbrochen von morgens bis abends gemacht hat, sind natürlich alle Leute von der ehemaligen Krankenschwester genervt gewesen."

Billy fuhr fort: „Als die alte Frau dann noch anfing, Geschichten aus ihrer Kindheit zu erzählen, dass sie zum Beispiel als Kind eine gefürchtete Kaugummikauerin gewesen wäre, habe ich mich fast mit Gewalt von der Frau losmachen müssen."

Wir saßen nebeneinander auf der Bank und schauten auf die Pflegeheimgebäude, die von oben bis unten voll waren mit alten Menschen und ihren Geschichten.

Emil sagte, wie gestern mein Vater: „Hier möchte ich aber nicht wohnen, wenn ich mal so alt bin."

Und Billy rümpfte die Nase und meinte: „Und es stinkt auch so."

Ich dachte, dass es vielleicht doch keine so gute Idee gewesen war, mit Billy und Emil die Oma im Pflegeheim zu besuchen. Und als wir endlich unter all diesen Häuserblocks das richtige Gebäude gefunden hatten, wurden wir auch noch von einer Pflegerin unfreundlich zurechtgewiesen. Obwohl wir sie ganz höflich nach Oma Rübenkamp gefragt hatten. „Was wollt ihr hier? Am Vormittag ist keine Besuchszeit. Außerdem hatte eure Oma heute Morgen schon Besuch. Diese ständige Besucherei am Vormittag stört den reibungslosen Arbeitsablauf", stöhnte sie vorwurfsvoll.

Als es dann auch noch aus dem Alfred-Karton miaute, bekam die Pflegerin fast einen Anfall. Sie fing an uns einen Vortrag zu halten, dass in einem Altenpflegeheim nur Käfigwellensittiche gestattet seien und größere Tiere ohne Leine und Maulkorb überhaupt keinen Zutritt hätten. Angeblich wegen der Hygiene, was so etwas wie Sauberkeit bedeutet.

Glücklicherweise ertönte dann von irgendwo ein krächzender Klingelton. Die Pflegerin stöhnte entnervt auf. Sie ließ den Sack mit schmutziger Wäsche fallen und stürzte den Gang hinunter. Am Ende des Flures verschwand sie in einem der Zimmer. Wir klopften schnell an verschiedene Türen und guckten in die Zimmer, ob Oma Rübenkamp darin war.

Wir hatten Glück: Schon im dritten Zimmer sahen wir die Oma am Tisch sitzen. Sofort stürzten Emil, Billy und ich in das Zimmer. Schnell schlossen wir die Tür hinter uns, damit die Pflegerin uns nicht sah.

Oma Rübenkamp schaute nur kurz zu uns hin. „Ach, ihr seid das", sagte sie mit leiser, trostloser Stimme und starrte wieder auf ihre Hände. Die lagen in ihrem Schoß und zerdrückten ein feuchtes Taschentuch. Kein bisschen freute sie sich über unseren Besuch. Und wir hatten ihr extra Alfred im Karton hergeschleppt.

„Was ist denn los? Was hast du denn, Oma?", fragte ich sie. Gestern war sie noch ganz fröhlich und stark gewesen und heute war sie auf einmal ganz klein und traurig und zerknittert, wie eine fremde, starre Frau, die in einen dunklen Brunnen guckt. Ich schlang meine Arme um meine Oma und streichelte ihre Schulter. Sie sagte nichts. Zuckte nur mit den Schultern und schluchzte still in sich hinein.

Billy und Emil standen mit dem Alfred-Karton mitten im Zimmer und wussten nicht, was sie machen sollten. Sie sahen nicht so aus, als ob sie sich besonders wohlfühlten. Vollkommen still war es im Raum. Nur die weißhaarige Frau, die in einem Bett neben der Tür lag, schnarchte mit offenem Mund leise vor sich hin, obwohl es doch schon fast Mittag war.

Die andere Mitbewohnerin von Oma war gerade dabei, einige Topfpflanzen zu begießen, die auf der Fensterbank standen. Sie drehte sich kurz um. „Die Nachbarin ist da gewesen", sagte sie zu uns.

Da schaute die Oma hoch und sagte mit starker, fester Stimme: „Keinen Tag länger bleibe ich in diesem Pflegeheim."

„Aber Oma, was ist denn passiert?"

Da fing die Oma endlich an, langsam und stockend zu erzählen, was geschehen war: „Schon heute morgen um neun Uhr ist meine Nachbarin hier gewesen. Ich habe gleich gemerkt, dass sie gar keinen netten Besuch machen wollte. Nein, stattdessen hat sie nur aufgeregt Geld von mir gefordert. Wegen der Tapeten, die mein Alfred ihr angeblich zerfetzt hat." Oma habe dann versucht, die aufgeregte Nachbarin zu beruhigen, und ihr gesagt, dass sie das alles regeln würde, wenn sie wieder zu Hause sei. Da habe die Nachbarin die Oma ganz seltsam angeschaut. „Ja, wissen Sie denn nicht …?“, habe sie die Oma mit ungläubiger Stimme gefragt.

„Und dann hat sie mir erzählt, dass meine Wohnung aufgelöst werden soll, weil ich hier im Heim bleiben soll.“ Die Oma schluckte. „Ich kann das nicht glauben“, klagte sie laut. „Katjenka, sag mir, dass das nicht wahr ist.“

Ich druckste eine Weile herum. Aber dann musste ich meiner Oma gestehen, dass es doch stimmte. „Ich musste Papa versprechen, dass ich es dir nicht sage, damit du dich in Ruhe im Heim einleben kannst.“

Da fing die Oma ganz bitterlich an zu schluchzen und murmelte zwischen den Schluchzern vor sich hin: „Das könnt ihr doch nicht mit mir machen.“ Und: „Wo soll ich denn jetzt hin?“

Emil, Billy und ich, wir schauten uns nur hilflos an und wussten nicht, was wir machen sollten. Die Frau am Fenster beschäftigte sich intensiv mit einem Kaktus und von der schnarchenden Frau war auch keine Hilfe zu erwarten. Weil ich es nicht mehr aushielt und um irgendwas zu sagen, fragte ich die Oma: „Soll ich vielleicht mal den Alfred aus dem Karton herausholen?“

„Nein“, sagte Oma und stand entschlossen von ihrem Stuhl auf. Sie schob ihren Rollator durchs Zimmer, öffnete den Schrank und fing an, ihre große Tasche zu packen. Irgendwann blieb sie mitten im Zimmer stehen und schien angestrengt nachzudenken. Sie schaute uns eindringlich an. „Wollt ihr mir helfen?", fragte sie uns ernst.

„Klar, Omi", sagte ich und Billy und Emil nickten mit den Köpfen. „Aber was willst du denn machen? Wo willst du denn hin?", wollte ich von ihr wissen.

„Keine Ahnung", murmelte Oma Rübenkamp vor sich hin. „Nur weg von hier …"

„Wir könnten einen Ausflug in den Stadtpark machen", schlug ich vor.

„Ja, ja", entgegnete die Oma gleichgültig und drängte darauf, dass wir auf der Stelle gehen.

Wir waren alle erleichtert, dass nun endlich etwas geschah und wir nicht mehr so bedrückt im Zimmer herumstehen mussten. Und vor allem war ich froh, dass meine Oma nicht mehr so schrecklich verzweifelt vor sich hin schluchzte.

9. Rollstuhlklau und Kapernfahrt

Allen war klar: Oma Rübenkamp ist gar nicht gut zu Fuß. Sie hat lediglich ihren Rollator, mit dem sie sich mühsam vorwärtsbewegt.

„Das ist viel zu auffällig“, sagte Emil.

„Und außerdem kommen wir dann höchstens bis zur nächsten Ecke mit ihr“, flüsterte Billy.

Und das im Schneckentempo, dachte ich. Nein, uns musste dringend etwas anderes einfallen. Und zwar auf der Stelle. Denn jeden Moment konnte die Pflegerin im Zimmer auftauchen und unseren Plan vereiteln. Ich dachte fieberhaft nach. Omas Mitbewohnerinnen hatten bislang glücklicherweise nichts mitbekommen. Unsere Blicke fielen gleichzeitig auf einen Rollstuhl. Der stand vollkommen ungenutzt neben dem Bett der schnarchenden Frau. Das war die Idee! Wenn wir es hinbekommen würden, den Rollstuhl unauffällig aus dem Zimmer zu schaffen, konnte die Entführung gelingen.

Ich raunte Billy zu: „Geh schon mal mit Oma Rübenkamp hinunter.“ Und lauter sagte ich zu Oma: „Billy und du, ihr geht schon mal ein bisschen frische Luft schnappen."

Oma nickte. Doch hatte sie verstanden, was wir vorhatten?

Nachdem Billy mit Oma Rübenkamp und dem Rollator den Raum verlassen hatte, wandte ich mich zögernd an die Frau, die am Fenster die Blumen goss: „Sagen Sie, die Dame dort hinten im Bett", ich wies auf die schnarchende alte Frau, „ist sie krank?"

Die Frau am Fenster antwortete: „Ja, sie hat Fieber, die Ärmste. Seit Tagen liegt sie schon im Bett."

„Da benötigt sie ihren Rollstuhl wohl im Moment gar nicht?", fragte ich harmlos.

„Und da möchtest du wissen, ob du dir den Rollstuhl mal für eine halbe Stunde ausleihen kannst?", wollte die Frau am Fenster wissen.

Ich schluckte. Hatte sie etwa doch mitbekommen, was wir vorhatten?

„Ja", antwortete Emil an meiner Stelle. „Meinen Sie, das geht?"

„Da müsst ihr am besten mal die Pflegerin fragen."

„Ja, das machen wir", sagte Emil laut und mir flüsterte er zu: „Ich nehme ihn schon mal eben mit." Und weg war er mit dem Rollstuhl.

Die schlafende Frau hatte nicht mitbekommen, dass wir ihren Rollstuhl geklaut hatten. Und die Frau am Fenster zwinkerte mir zu. „Ich verrate nichts."

Oh Mann, sie wusste tatsächlich Bescheid! Hastig schnappte ich mir Oma Rübenkamps Tasche und Alfred im Karton, sagte tschüss und rannte los.

„Ich habe gar nichts gesehen", rief die Frau vom Fenster mir noch hinterher. „Ich habe doch meine Blumen gegossen."

Ich sauste hinter Emil her. Mir schlug das Herz bis zum Hals.

Emil verließ gerade unten mit dem Rollstuhl den Fahrstuhl, als ich außer Atem mit Tasche und Karton die Treppe hinuntergestürmt kam. Vor dem Gebäude schauten wir uns suchend auf dem Pflegeheimgelände um. Wo waren Billy und Oma Rübenkamp geblieben? Wir rannten in Richtung Ausgang. Weit waren die beiden nicht gekommen. An der nächsten Ecke holten wir sie bereits ein. Doch als die Oma den Rollstuhl sah, weigerte sie sich lautstark, sich hineinzusetzen.

„Wo habt ihr den her? Das ist nicht mein Rollstuhl. Ich benötige keinen Rollstuhl", erklärte sie stur. Und schließlich könne sie noch sehr gut selber laufen. „Ich lasse mich nicht zwingen!"

Ängstlich schauten wir uns um. Hatte jemand gehört, was Oma Rübenkamp da eben gesagt hatte? So schnell wie möglich mussten wir das Gelände verlassen.

Oma Rübenkamp klammerte sich verbissen an ihren Rollator. Im Schneckentempo ging es nun übers Altenheimgelände. Billy und Oma Rübenkamp mit dem Rollator voran. Emil und ich mit dem Rollstuhl, der Tasche und Alfred im Karton hinterher. Wir waren noch nicht einmal einen Block weit gekommen, da hatte Oma Rübenkamp einen Schwächeanfall.

„Nur mal kurz hinsetzen und Luft schnappen", schlug sie vor und war endlich bereit, sich in den Rollstuhl zu setzen.

Rasch versteckte Billy Oma Rübenkamps Rollator im Gebüsch. Denn wenn wir ihn einfach so hätten stehen lassen, wäre er sicherlich aufgefallen. Ohne dass uns jemand aufhielt, gelang es uns, das Pflegeheimgelände zu verlassen. Wir hatten Oma Rübenkamp aus dem Pflegeheim entführt!

„Puhah, geschafft!", stöhnte Emil erleichtert auf. „Das haben wir doch super hinbekommen!"

Billy nickte.

„Wahrscheinlich sehen wir aus wie vollkommen harmlose Enkelkinder, die mal eben mit ihrer Oma im Rollstuhl in den Stadtpark fahren", meinte Emil grinsend.

Doch ich war mir nicht ganz so sicher: Hatte uns tatsächlich niemand belauscht? Hatte wirklich keiner die Entführung beobachtet? Und würde Oma Rübenkamps Mitbewohnerin uns auch bestimmt nicht verraten?

Erst einmal machten wir uns mit Oma Rübenkamp auf den Weg zum Stadtpark. Wir wechselten uns ab: Immer einer von uns trug Oma Rübenkamps Tasche, ein anderer schleppte den Alfred-Karton und der dritte schob den Rollstuhl. Rollstuhlschieben war am schwersten, weil wir das alle noch nie vorher gemacht

hatten. Wenn wir eine Straße überqueren wollten, die keinen Fahrradweg hatte, mussten wir hohe Kantsteine bewältigen. Dabei mussten wir höllisch aufpassen, dass der Rollstuhl nicht umkippte und die Oma herausfiel. Eine freundliche Frau sah, wie wir uns abquälten. Sie zeigte uns einen Trick, wie es einfacher geht: Man muss nämlich nur rückwärts gehen und den Rollstuhl etwas nach hinten kippen, dann kommt man einigermaßen problemlos die Kantsteine hinauf und hinunter.

Wir hatten unzählige Straßen zum Üben, denn wir sind den ganzen weiten Weg bis zum Stadtpark zu Fuß gegangen. Wir wären lieber mit dem Bus gefahren, aber wir sind uns nicht sicher gewesen, ob wir mit dem Rollstuhl und der Oma in so einen Bus hineingekommen wären.

Als ich einmal dran war, den Rollstuhl zu schieben, ging Emil neben dem Rollstuhl her. Ich hörte, wie er mit der Oma ein richtig erwachsenes Gespräch über Altenheime und Internate führte. Ein bisschen genervt war ich schon, denn ich hatte schon so oft versucht, Emil über sein Internat auszufragen. Ich war schrecklich neugierig, wie es in so einem Internat tatsächlich war. Internate kannte ich bisher nur aus alten Kinderbüchern von Mama oder von Harry Potter. Da klang es immer so spannend, dass ich oft dachte, dass es in einem Internat bestimmt tausendmal toller ist als zu Hause. Aber aus dem Emil hatte ich nichts über Internate herausbekommen können. Ich wusste nur, dass er lieber zu Hause in Winterhude war. Aus dem, was Emil nun aber mit der Oma redete, erfuhr ich, dass Emil schreckliche Angst davor hatte, dass er nach den Ferien wieder zurück ins Internat muss.

„Heute Morgen hatte ich mit meiner Mutter einen Streit darüber. Ich habe gebeten, gebettelt und sogar geweint. Aber meine Mutter hat darüber nicht mit sich reden lassen", sagte Emil leise zu Oma Rübenkamp.

Die Oma nickte verständnisvoll.

Nun begriff ich endlich, warum Emil den ganzen Vormittag über so bedrückt-albern gewesen war. Und stellte erleichtert fest: Nachdem er mit der Oma darüber gesprochen hatte, sah er schon wieder etwas fröhlicher aus.

Je weiter wir uns vom Pflegeheim entfernten, desto besser ging es der Oma. Das merkten wir daran, dass sie sich nun endlich für Alfred-im-Karton interessierte. Den hatten wir ja nun schon den ganzen Vormittag mit uns herumgeschleppt, um der Oma damit eine Freude zu machen.

„Nun holt doch den armen Kerl endlich mal aus dem schrecklichen Karton heraus!“, sagte Oma Rübenkamp.

Vorsichtig öffnete ich den Karton, denn ich befürchtete, dass Alfred von dem langen Eingesperrtsein so überdreht war, dass er mir auf der Stelle abhaute. Aber Alfred war erstaunlich ruhig, er kratzte mir sogar ausnahmsweise einmal nicht die Hände blutig. Als ich ihn der Oma in den Arm gab, schaute er verschreckt und ich spürte sein Herz ängstlich klopfen. Wahrscheinlich erkannte er Oma Rübenkamp nicht gleich wieder. Oma streichelte ihn sanft und sagte ihm viele zärtliche Worte. Da wurde er ruhiger. Und die Oma hatte plötzlich wieder fast so glückliche Augen wie gestern, als ich ihr in die Hand gekniffen hatte.

„Lasst uns etwas singen“, schlug sie vor.

Neben uns auf der Straße brauste der Autoverkehr der City Nord und wir sangen so laut wir konnten das

Lied von den bärtigen Männern: „Alle, die mit uns auf Kaperfahrt fahren, müssen Männer mit Bärten sein. Jan und Hein und Klaas und Pit, die haben Bärte, die fahren mit …“

Dem Alfred schien das zu gefallen. Er rollte sich auf dem Schoß von Oma zusammen und begann zufrieden vor sich hinzuschnurren.

Dann machten wir mit der Oma und Alfred im Rollstuhl wilde Wettrennen mit einem Laufrad fah-

renden Kind. Wir gewannen. Oma klatschte juchzend in die Hände und rief: „Kinder, so viel Spaß habe ich lange nicht mehr gehabt!“

Eigentlich wollten wir meine Oma ja nur in den Stadtpark entführen. Aber als wir dann im Stadtpark waren, schlug Billy vor: „Da wir Hati-Hati heute ausnahmsweise nicht dabeihaben, könnten wir doch auch endlich mal wieder in den Schrebergarten gehen. Was haltet ihr davon?“

Dazu hatten alle große Lust.

Oma bekam sogar leuchtende Augen. „Ich liebe Schrebergärten“, schwärmte sie. „Schon immer habe ich mir gewünscht, einmal in meinem Leben Ferien in einem Schrebergarten zu machen.“ Was dieser Satz bedeutete, war uns in diesem Moment noch nicht so ganz klar.

Aber als wir dann mit Oma Rübenkamp im Schrebergarten von Billys Eltern ankamen, sagte sie: „Hier bleibe ich!“ Sie wolle nicht zurück in ein Pflegeheim, wo nur alte Leute seien und Katzen nicht erlaubt. „Hier bleibe ich“, wiederholte sie. „Da könnt ihr machen, was ihr wollt.“

„Aber Oma, hier kannst du doch nicht richtig wohnen“, entgegnete ich, obgleich ich die Idee sehr spannend fand: Eine entführte Oma und eine besetzte Gartenlaube! Wow!

Emil fragte die Oma: „Ist es nicht sinnvoller, wenn Sie einfach wieder in ihre Wohnung zurückgehen?“

Da bekam Oma wieder hilflose, feuchte Augen. Mit weinerlicher Stimme sagte sie: „Klar wäre das sinnvoller. Das Problem ist nur: Ich habe meinen Wohnungsschlüssel nicht mehr. Den habe ich doch meinem Sohn gegeben.“

Soweit ich wusste, trug mein Vater im Moment den Schlüssel von Omas Wohnung ständig mit sich herum. Ich hatte nicht die blasseste Ahnung, wie ich ihm den Schlüssel unbemerkt entwenden sollte.

Emil, Billy und ich, wir beratschlagten uns kurz. Allen war klar: Wir mussten der Oma helfen. So lange, bis wir ihren Wohnungsschlüssel beschafft hätten, würden wir sie hier in der Gartenlaube im Schrebergarten von Billys Eltern verstecken.

Wir setzten uns auf die Gartenbank, Oma im Rollstuhl daneben und überlegten gemeinsam, was die Oma alles brauchte und was wir für sie organisieren mussten. Es wurde eine endlos lange Liste:

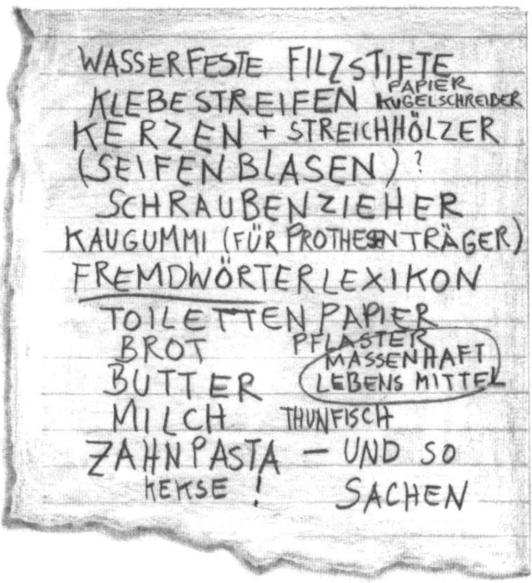

Ich faltete den Zettel, steckte ihn in meine Hosentasche und stand auf. „Los, lasst uns die Sachen organisieren gehen!“, schlug ich Billy und Emil vor.

Billy sprang ebenfalls auf. Nur Emil rührte sich nicht von der Stelle.

„Hey, was ist los, Emil?“, fragte Billy. „Willst du hierbleiben und der Oma Gesellschaft leisten?“

„Oder hast du etwa keine Lust, Sachen organisieren zu gehen?“

Emil schüttelte den Kopf. „Nein, das ist es nicht. Ich bleibe richtig hier im Schrebergarten. Wie die Oma.“

Billy und ich starrten Emil mit offenen Mündern an. War das sein Ernst? Was sollte das denn jetzt?

Emil holte tief Luft. Dann verkündete er: „Ich gehe erst dann wieder nach Hause, wenn meine Mutter mir verspricht, dass ich nach den Ferien nicht zurück ins Internat muss.“

Billy und ich schauten uns an. Okay, nun hatten wir also zwei Entführte zu versorgen. Wir zogen los, um die Sachen zu organisieren.

10.
Von knutschenden Igors und bellenden Großmüttern

Nachdem Billy und ich bei mir zu Hause so unauffällig wie möglich die Küchenschränke und den Kühlschrank geplündert und Berge von Essen und Trinken zusammengerafft hatten, machten wir uns auf den Weg zurück zu den Schrebergärten. Mit einem vollgestopften, elendig schweren, großen Korb, einem riesigen Rucksack und mehreren Plastiktüten schleppten wir uns ab und fluchten über Emil, der wahrscheinlich währenddessen faul auf dem Rasen in der Sonne lag.

Als wir in den Weg einbogen, der zum Schrebergarten von Billys Eltern führte, mussten wir jedoch abrupt abbremsen. Wir kamen nicht weiter. Ein Liebespaar versperrte uns den Weg. Das Mädchen und der Junge hielten sich eng umschlungen und waren heftig am Knutschen. Das Mädchen zuckte erschrocken zusammen, als es uns sah. Der Junge nicht. Der grinste nur.

Billy kicherte.

„Arne-Barne-Hanke-Panke …“, murmelte ich verblüfft. Denn das Mädchen, das da mit dem grinsenden

Jungen geknutscht hatte, war niemand anderes als meine Cousine Hatty, genannt Hati-Hati. Vor ein paar Stunden hatte ich sie noch in eine Dose Thunfisch verzaubert und nun knutschte sie hier mit einem von diesen 15-jährigen, pickligen Jungen vom Goldbekmarkt herum!

Hati-Hati sah nicht so aus, als würde sie sich besonders freuen, uns hier zu treffen. Sie wurde knallrot und stammelte verlegen herum: „Äh … das ist … äh … übrigens … äh … der Igor."

Dann sagte keiner mehr etwas. Billy und ich, wir guckten uns diesen Igor an und Igor grinste. Bis mit einem Mal in die peinliche Stimmung hinein eine Stimme aus dem Schrebergarten von Billys Eltern ertönte: „Alfred! Alfred, wo bist du denn? Emil, guck doch mal unter den Johannisbeerbüschen, ob mein Alfred da ist." Das war eindeutig Oma Rübenkamps Stimme.

Ich war mir nicht sicher, ob Hati-Hati Omas Stimme ebenfalls erkannt hatte, aber bei den Namen horchte sie auf: „Alfred? Emil?" Und sie versuchte mit aufmerksamen Augen durch die Büsche in den Garten zu spionieren. Dann starrte Hati-Hati plötzlich neugierig auf unser Gepäck. „Was habt ihr denn da alles in den Tüten und Taschen?", wollte sie wissen. „Und was macht ihr überhaupt hier? Und warum seid ihr nicht im Altenheim?"

Mist, Mist, Mist, dachte ich nur. Nun war alles aus. Hati-Hati würde natürlich zu Hause auf der Stelle alles ausplappern. Die Oma würde zurück ins Heim müssen und Emil ins Internat. Fast hätte ich nur noch düstere Wolken am sonnig strahlenden Himmel gesehen, da entdeckte ich glücklicherweise, was Hati-Hati am Hals hatte. Das war unsere Rettung! Bevor Billy irgendetwas Verräterisches sagen konnte, fragte ich Hati-Hati zuckersüß: „Sag mal, Hatty, hast du die Röteln?“

Hati-Hati fasste sich erschrocken ins Gesicht und fragte: „Nein, wieso? Was ist denn? Nein, eigentlich fühle ich mich ganz gesund.“

„Du hast so rote Flecken, aber nicht im Gesicht.“ Billy und ich, wir guckten uns an und kicherten. Und ich erklärte Hati-Hati: „Du hast sie nur am Hals, die Röteln – oder so.“

Hati-Hati wurde noch viel stärker rot als vorhin, denn nun hatte sie wohl endlich verstanden, dass ihr dieser Goldbek-Igor den gesamten Hals voller Knutschflecke geknutscht hatte.

Ganz ruhig sagte ich: „Da werden meine Eltern aber bestimmt denken, du hast Röteln. Wetten?“

„Oh nein! Hilfe, was mach ich bloß?“, stöhnte Hati-Hati ernsthaft verzweifelt.

Igor war ihr keine große Hilfe. Der stand nur da und grinste.

„Ich hab eine Idee!“, rief ich. „Als mein großer Bruder Jo mal einen Knutschfleck hatte, hat er einfach ein Pflaster darübergeklebt, bis der Knutschfleck grün und blau und lila wurde und nach einer Woche endlich ganz verschwunden war.“

Wir hatten einen Pflastervorrat dabei, der eigentlich für Notfälle von Oma und Emil gedacht war. Den fischten wir nun aus dem Bastkorb und eine Schere dazu. Und dann fingen wir an, Hati-Hati den Hals zuzupflastern. Sogar dieser Igor half grinsend mit.

Während er mit Hati-Hati beschäftigt war, nahm ich eilig Billy ein Stück beiseite und flüsterte ihr zu: „Schleich dich schnell heimlich weg und sag Oma und Emil, dass sie sich unbedingt auf der Stelle verstecken müssen. Sonst entdeckt Hati-Hati sie noch!“

Billy ging sofort los.

Hati-Hati sah mit den vielen Pflastern auf ihrem Hals nicht besonders glücklich aus. „Und du bist sicher, dass das so deinen Eltern nicht auffällt?"

Ich beruhigte sie und schlug vor: „Du kannst ja einfach behaupten, unter den Pflastern wären lauter aufgekratzte Mückenstiche."

„Ja, wenn du meinst." Hati-Hati war sanft und dankbar. Sie wollte auf jeden Fall vermeiden, dass meine Eltern erfuhren, was tatsächlich unter den tausend Pflastern auf ihrem Hals war. Denn dann hätten sie Hati-Hati mit Sicherheit mit dem nächsten Zug nach Berlin zurückgeschickt. Und dann hätte sie nicht mehr mit Goldbek-Igor herumknutschen können.

Nach einer Weile fing Hati-Hati aber doch wieder an, sich neugierig für unsere Tüten und Taschen zu interessieren und blöde Fragen zu stellen.

Inzwischen war Billy wieder zurückgekommen und flüsterte mir zu: „Die Luft ist rein!"

Deshalb sagte ich, mit einem Blick auf unser Gepäck, ganz locker zu meiner Cousine: „Ach das? Das müssen wir nur eben schnell abgeben. Das ist für Billys Eltern, die haben hier so einen alten Schrebergarten."

Billy und ich, wir schnappten uns Tüten, Bastkorb und Rucksack, riefen „Tschüss! Und viel Spaß noch!" und hauten schnell ab.

„Oh, ein Schrebergarten!", hörten wir Hati-Hati begeistert hinter uns rufen. „Dürfen wir mitkommen?"

Ich drehte mich vorsichtig um. Hati-Hati und Igor folgten uns tatsächlich.

Billy blieb stehen und sagte: „Meine Eltern sehen es aber nicht gern, wenn fremde Leute mit in den Schrebergarten kommen."

Doch Hati-Hati entgegnete: „Erstens bin ich nicht fremd. Und zweitens will ich ja nur mal kurz gucken." Vorsichtshalber fragte sie dann aber doch noch mal bei Billy nach: „Sind sie denn da, deine Eltern?"

Billy schüttelte den Kopf.

„Na, siehst du!", sagte Hati-Hati und zog Igor hinter sich her durch die Gartenpforte.

Wir konnten nichts dagegen tun. Immerhin hatte wenigstens Billys Warnaktion funktioniert: Der Schrebergarten sah kein bisschen so aus, als wenn hier zwei Entführte wohnten. Keine Spur war von dem Rollstuhl zu sehen. Selbst der Alfred-Karton war verschwunden.

Hati-Hati ging sofort zielstrebig auf die Gartenlaube zu und rüttelte wild an der Tür. „Wer hat denn den Schlüssel?", fragte sie uns.

Sie benahm sich genauso wie zu Hause in meinem Zimmer. Billy und ich waren sprachlos vor Wut. Wir redeten einfach nicht mehr mit Hati-Hati. Wir dachten, dass sie dann vielleicht endlich wieder abhauen würde. Das machte sie aber nicht. Stattdessen schlich sie um das Gartenhaus herum und versuchte, durch die Fenster in die Laube hineinzugucken.

„Ey, da steht ja ein Rollstuhl drin …, und … uh, da bewegt sich was!“ Hati-Hati sprang panikartig vom Fenster weg. Und im gleichen Moment hörte man aus der Gartenlaube ein bedrohlich giftiges Bellen.

Billy und ich schauten uns entgeistert an. Denn wir sind eigentlich ganz sicher gewesen, dass da nur die Oma und der Emil im Gartenhaus waren und kein einziger Hund. Schon gar nicht einer, der so gefährlich bellen konnte, dass sogar Hati-Hati Angst vor ihm bekam.

Dann aber grinste ich still und heimlich in mich hinein. Das hätte ich dem Emil mal wieder nicht zugetraut, dass er so spitzenmäßig bellen konnte.

Mindestens einen halben Kilometer von der Gartenlaube entfernt stand Hati-Hati verschreckt neben Goldbek-Igor und tuschelte mit ihm. Sie sah endlich so aus, als ob sie jetzt doch lieber gehen wollte. Zu Billy sagte sie noch beleidigt: „Das hättest du mir ja ruhig früher sagen können, dass ihr da so eine menschenfressende Bestie eingesperrt habt!“ Und mit mir verabredete sich Hati-Hati für halb sieben beim Glascontainer. Damit wir zusammen nach Hause gehen konnten und meinen Eltern nichts auffiel.

Endlich zog Hati-Hati Arm in Arm mit Goldbek-Igor ab. Kaum waren die beiden um die Ecke verschwunden, wurde von drinnen an der Tür des Gartenhauses gerüttelt.

„Aufmachen! Aufmachen!“ Es war Oma Rübenkamps Stimme.

Ich bekam einen heißen Schreck und dachte: Vielleicht ist ja doch ein fieser Hund in der Gartenlaube und der beißt jetzt die Oma!

Blitzschnell zog Billy den Gartenlaubenschlüssel aus ihrer Hosentasche und gab ihn mir. Ich tat so, als hätte ich kein bisschen Angst, und schloss todesmutig die Tür auf. Ganz gesund, nur ein bisschen aufgestützt auf den Emil, kam die Oma aus der Gartenlaube heraus.

„So, ich habe jetzt keine Lust mehr auf dieses Versteckspielen“, sagte Oma Rübenkamp und schimpfte: „Ich lasse mich nicht mehr einsperren. Dann hätte ich auch gleich im Altenheim bleiben können!“

„Aber Oma, wir wollten doch nur warten, bis Hati-Hati und Goldbek-Igor weit genug weg sind“, versuchte ich Oma zu erklären.

„Und wo ist der Hund?“, wollte Billy ängstlich wissen.

Oma und Emil haben sich angeguckt und gelacht. „Welcher Hund?“

Also war es doch Emil gewesen, der da eben gebellt hatte! „Mach noch mal“, bat ich ihn.

„Was soll ich noch mal machen?“, fragte Emil.

„Na, den Hund. Los, bell noch mal, Mensch!“

„Aber wieso ich?“, sagte Emil. „Das war doch die Oma!“

Das hat mich umgeworfen, dass meine Oma so toll und wild bellen konnte. Davon hatte sie mir noch nie erzählt.

„Na ja", sagte Oma Rübenkamp bescheiden, „das ist halt ganz praktisch. Wenn man zum Beispiel in wunderschönen Vollmondnächten allein und ungestört im Stadtpark spazieren gehen will."

„Oder wenn man Hati-Hati verscheuchen will", stellte Emil fest.

„Hoffentlich sind Hati-Hati und dieser Igor schon weit genug weg gewesen und haben nichts mehr von der Oma mitbekommen", sagte ich zu den andern und ging vorsichtshalber noch mal zum Weg gucken und einmal um die Gartenlaube. Aber weit und breit war kein Zipfel von Hati-Hati und Igor zu sehen. Deshalb haben wir uns später, als es mal hinter den Johannisbeerbüschen geraschelt und gekichert hat, nichts dabei gedacht. Wir glaubten, es seien nur harmlose Spaziergänger.

11. VITAMIN SCHO UND ERFRORENE PIZZA

Oma musste mir versprechen, dass sie mir das giftige Bellen demnächst mal in Ruhe beibringt. Richtig Unterricht wolle sie mir geben, hat sie gesagt, denn es sei gar nicht so einfach. Sie habe selber lange üben müssen, bis es so richtig gefährlich geklungen habe. Für ruhigen Unterricht hatten wir jetzt aber keine Zeit, wir waren viel zu sehr mit der Entführung beschäftigt.

„Und vor allem“, sagte Oma, „muss ich jetzt erst mal was essen. Sonst schaffe ich es überhaupt nur noch zu bellen wie ein zahnloser Dackel! Was habt ihr denn Feines mitgebracht?“, fragte sie mit Blick auf Tüten, Korb und Rucksack.

Oma musste sich in den Liegestuhl setzen. Und Billy und ich haben unsere von zu Hause organisierten Schätze auf einer Picknickdecke vor ihr ausgebreitet.

„So, Oma, nun sag, was magst du am liebsten?“, fragte ich die Oma und wies stolz auf die Schatzdecke.

Oma begutachtete unsere Schätze und überlegte lange. „Hm, also am liebsten esse ich halb erfrorene Pizza mit heißem Tomatensaft.“

Das hätte Oma tatsächlich haben können. Wir hatten alles dabei. Denn ich hatte zu Hause idiotischerweise eine Tiefkühlpizza eingepackt. Und der Tomatensaft aus dem Kühlschrank war inzwischen durch die Mittagshitze auch nicht mehr so richtig kalt. Aber so wie meine Oma das gesagt hatte, war das bestimmt nicht ihr Lieblingsessen.

„Erfrorene Pizza und heißer Tomatensaft? Da lügst du doch, Oma", sagte ich zu ihr. „Aber magst du vielleicht Orangensaft? Der ist wahnsinnig gesund, weil da nämlich tierisch viel Vitamin C drin ist."

„Ach nein", sagte Oma. „Ich esse lieber Äpfel. Da ist Vitamin Ä drin. Das ist viel gesünder als Vitamin C. Und noch viel besser ist Schokolade."

„Hä?" Emil, Billy und ich, wir schauten meine Oma ungläubig an.

„Doch, doch, das könnt ihr mir glauben! In Schokolade ist reichlich Vitamin Scho enthalten."

„Ach Oma, das denkst du dir aus. Das gibt es doch gar nicht", sagte ich.

Doch, doch, meinte Oma, das gebe es wohl. Nur müsse man bei Schokolade aufpassen, dass man nicht zu viel davon esse, weil man nämlich sonst leicht Vitamin-Scho-süchtig werde.

Emil stürzte sich auf die Tüte mit den Möhren und rief: „Hey, super! Ihr habt auch Vitamin Mö mitgebracht!"

Und wir begannen, alle möglichen unbekannten Vitamine durcheinander zu essen. Dazu tranken wir literweise Vitamin Co, obgleich die Oma bezweifelte, dass das ein so gesundes Vitamin sei.

„Gibst du mir bitte mal eine Scheibe von dem stinkenden Vitamin Kä?" – „Ist noch ein Stück Vitamin Gur da?" – „Wer möchte noch einen Löffel Vitamin Kir-Qua?" – „Ach nein, ich hätte jetzt doch lieber ein bisschen Vitamin Keks." – „Du hast wohl zu viel Vitamin Doo gegessen?" – „Vitamin Do, was ist denn das? Dorsch, Dotter, Döner?" – „Nicht Dö. Doo, mit zwei O. Vitamin Doo, wie doof."

„Ach", stöhnte Emil am Ende, „wenn ich nicht schon so satt wäre, dann könnte ich jetzt noch gut eine Portion Vitamin Eis vertragen."

„Du hast genug Vitamine zu dir genommen", sagte ich zu Emil. „Noch ein einziges Vitamin und du platzt."

Wir verpackten die Reste unseres Vitaminessens in den großen Korb. Pappsatt und faul warfen wir uns auf die Picknickdecke. Oma Rübenkamp murmelte mit besorgter Stimme aus ihrem Liegestuhl: „Wo mein

Alfred jetzt wohl steckt? Kinder, könnt ihr nicht noch einmal nach ihm suchen?"

Wir beruhigten sie: „Ach Oma, Alfred kommt sicherlich demnächst von allein zurück." – „Genau, der taucht bestimmt gleich von selbst wieder auf. Der guckt sich wahrscheinlich nur ein bisschen hier in der Umgebung um." Denn keiner von uns hatte Lust, jetzt aufzuspringen und die ganze Gegend nach Omas Kater abzusuchen.

„Ja, meint ihr wirklich?", fragte Oma Rübenkamp, nicht hundertprozentig überzeugt. Sie war dann aber schnell von Alfred abgelenkt. Als sie den Blick durch den Garten und übers Wasser schweifen ließ, seufzte sie wohlig: „Ach, ist das schön hier, Kinder!" Kurz darauf schien sie eingenickt zu sein.

Paddelboote, Kanus und Tretboote schwammen auf dem Goldbekkanal an uns vorbei. Die Leute aus den Booten winkten uns fröhlich zu und wir winkten zurück und riefen: „Ahoi!" Und es war irgendwie gar nicht wie eine geheime Entführung, sondern eher wie ein außergewöhnlich schöner Sommertag im Schrebergarten.

Ich stieß Emil an. „Sag mal, Emil, wie willst du das jetzt eigentlich mit deiner Mutter machen?"

Emil wurde ernst und nachdenklich. Er zuckte unsicher mit den Schultern und schien keinen rechten Plan zu haben.

Billy schlug vor: „Hey, wir könnten Emils Mutter einen geheimen Erpresserbrief schreiben."

„Ha", lachte Emil bitter, „und was willst du in so einen Erpresserbrief reinschreiben? Etwa: *Liebe Frau Balayette, wir haben Ihren Sohn entführt. Wenn Sie ihn heil und gesund wiedersehen wollen, müssen Sie hoch und heilig versprechen, dass er nie wieder in ein Internat muss?*"

„Emil hat recht. Das mit dem Erpresserbrief ist eine Quatschidee. Denn keine fünf Minuten später würde Emils Mutter bei meinen Eltern vor der Tür stehen und behaupten, ich würde hinter der ganzen Geschichte stecken." Ich erinnerte Billy daran, dass es sich hier ja nicht um Entführungen mit Geldforderungen und so handelte. Hier ging es lediglich darum, dass die Oma nicht zurück ins Heim wollte und der Emil nicht ins Internat.

Weil mir aber auch absolut keine Lösung einfallen wollte, machte ich ebenfalls einen Quatschvorschlag. „Vielleicht könnt ihr tauschen, du und die Oma?", sagte ich zu Emil und grinste. „Du gehst verkleidet ins Altenpflegeheim. Und Oma Rübenkamp zieht sich Hosen an und geht für dich ins Jungeninternat."

Billy kicherte bei der Vorstellung. Aber Emil schien meine Idee mit dem Rollentausch nicht besonders lustig zu finden. „Ha, ha, ha", machte er nur und verzog keine Miene.

„Wo ist eigentlich dein Vater jetzt?“, fragte Billy, obwohl sie eigentlich wusste, dass Emils Vater weit weg auf Geschäftsreise in Indonesien war.

„Surabaya“, murmelte Emil. „Ich glaube, er müsste jetzt in Surabaya sein.“

„Ach, Surabaya!“ Oma Rübenkamp schien von ihrem Kurznickerchen erwacht zu sein. Sie verdrehte verzückt die Augen und begann das Lied von einem Johnny aus Surabaya zu singen, der von Anfang an gelogen und betrogen hat: „Surabaya-Johnny, warum bin ich nicht froh? Du hast kein Herz, Johnny, und ich liebe dich so.“

Sämtliche Strophen sang die Oma. Dann fragte sie Emil: „Warum gehst du eigentlich nicht zu deinem Vater, wenn deine Mutter dich doch nur ins Internat geben will? Geh doch zu ihm", schlug sie vor, „bestimmt kann der dir helfen."

Billy und ich kicherten heimlich. Oma Rübenkamp hatte anscheinend überhaupt nicht mitbekommen, worüber wir gerade vorher geredet hatten. Emil erklärte ihr daher das mit seinem Vater und Surabaya noch einmal.

„Ach so, schade", murmelte die Oma. „Dann geht das natürlich nicht."

„Doch, das geht! Das ist super!" Ich sprang auf und klatschte vor Begeisterung in die Hände. „Emil, du rufst deine Mutter an und sagst ihr einfach, wenn sie dich wieder ins Internat stecken will, dann haust du ab und gehst zu deinem Papa nach Surabaya. Dann wird sie sich das mit dem Internat schon noch mal überlegen."

Emil sah nicht so aus, als wäre er von meiner Idee so richtig überzeugt. Aber etwas Besseres schien ihm auch nicht einzufallen.

„Und was ist, wenn deine Mutter sagt, du brauchst nicht wieder ins Internat?", wollte die Oma mit ängstlichen Augen wissen. „Muss ich dann etwa ganz allein hier in der Gartenlaube übernachten?"

Emil beruhigte die Oma und versicherte ihr, dass seine Mutter unter Garantie nie im Leben so reagieren würde.

„Aber du brauchst doch sowieso keine Angst zu haben, Oma", sagte ich. „Du kannst doch so toll bellen!"

„Na ja, aber sooo gern übernachte ich trotzdem nicht allein in fremden, einsamen Schrebergärten“, erwiderte die Oma mit weinerlicher Stimme. „Vor allem, wo nun auch noch mein Alfred verschwunden ist.“

„Der Alfred taucht schon wieder auf“, beruhigte Emil die Oma. Und er versprach ihr immer wieder, dass er ganz bestimmt mit ihr in der Gartenlaube übernachten werde.

Darum erklärte Billy dem Emil schon mal, wo Schlafsäcke und Decken liegen. Und sie erklärte ihm den Trick, wie man die Schlafliege für die Oma aufklappt, ohne dass sie mitten in der Nacht damit zusammenkracht. Sogar eine alte Hängematte entdeckte Billy in einer Kiste.

„Mensch, nun kann ich übernachten wie in Mexiko!“, rief Emil. Am liebsten hätte er ja in der Hängematte draußen im Garten geschlafen. Aber dort standen fast nur Johannisbeer- und Stachelbeerbüsche. Lediglich zwei mickrige, junge Pflaumenbäume gab es. Aber die sahen nicht so aus, als würden sie eine Hängematte samt Emil aushalten. „Macht nichts“, fand Emil und hängte die Hängematte in der Gartenlaube auf.

Eine Luftmatratze und zwei Isomatten haben wir auch noch gefunden. Massenhaft wunderbare Schlafplätze waren da und ich bekam richtig Lust, ebenfalls im Schrebergarten zu übernachten. Aber das ging natürlich nicht, weil ich nach Hause musste, um heute Nacht meinem Vater den Schlüssel von Oma Rübenkamps Wohnung zu klauen.

„Sag mal, Oma, warum muss ich den Schlüssel überhaupt klauen? Eigentlich kannst du doch einfach zu Papa gehen und ihm sagen, du willst jetzt mal deinen Schlüssel wiederhaben."

Oma sah mit einem Mal wieder ganz klein und kläglich aus und ihre Stimme zitterte. „Ich habe Angst, dass er einfach behauptet, ich schaffe das nicht, und dass er mich dann zurück ins Heim bringt."

Da sah ich ein, dass es wirklich wichtig war, dass ich den Schlüssel organisierte. Damit die Oma endlich wieder etwas fröhlicher guckte, versprach ich ihr: „Oma, wenn Papa etwas älter ist und mal ein bisschen krank, dann nehme ich ihm einfach seinen Autoschlüssel weg und verkaufe heimlich sein Auto. Wie findest du das?"

Emil und Billy kicherten. Oma Rübenkamp grinste. „Das ist gut. Dann sieht er mal, wie das ist!"

12. Über fliegende Menschen und schwebende Elefanten

Emil schaltete sein Handy ein und ging hinunter zum Anleger, um seine Mutter anzurufen. Währenddessen machten Billy und ich uns an die Schrebergartenbeete und begannen wie die Weltmeister Unkraut zu rupfen. Oma erzählte uns dazu Geschichten aus dem Pflegeheim. Von Stiefschwestern, die morgens um halb sechs mit lauter Stiefschwesternstimme brüllen: „Guten Morgen, gut geschlafen?“ Oma Rübenkamp machte es lautstark nach.

Emil, der noch auf dem Anleger stand, fiel fast vor Schreck in den Kanal. Er machte wilde Zeichen zu uns hinüber und deutete auf sein Handy.

„Eiskalt“, berichtete die Oma nun in gedämpfterem Tonfall weiter, „sie ziehen dir die Decke weg und fangen an dich zu waschen, mit eiskaltem Wasser! Stellt euch das mal vor!“

„Das kann dir hier nicht passieren, Oma“, beruhigte ich sie. „Hier gibt es nicht einmal einen Wecker. Und mit dem Waschen … äh, mit dem Waschen ist es hier sowieso etwas schwierig. Waschen brauchst du dich hier nicht."

„Das gefällt mir", sagte Oma Rübenkamp. „Das ist ein bisschen wie im Urlaub, als ich so alt war wie ihr heute." Und sie hat angefangen zu reden wie die meisten älteren Leute: Dass früher alles anders und viel schöner gewesen sei und heute so vieles fremd und unverständlich. „Ich begreife einfach nicht, wie Menschen so selbstverständlich aus einem Flugzeug steigen, als wären sie gerade drei Stationen mit der U-Bahn gefahren. Dabei sind sie in Wirklichkeit eben noch im Himmel über den Wolken geflogen." Da könne sie viel besser den Elefanten aus Wuppertal verstehen. „Kennt ihr den?", wollte sie von Billy und mir wissen.

„Nö, nie gehört. Konnte der besondere Kunststücke?"

Oma zog einen völlig zerfledderten Zeitungsartikel aus ihrer großen Tasche. „Den lese ich immer wieder", erklärte Oma Rübenkamp Billy und mir. „Das ist sozusagen mein Lieblingsartikel. Der Elefant hat nämlich den Wahnsinn begriffen. Der hat sich nicht einsperren lassen, sondern ist rausgesprungen."

„Wo ist er rausgesprungen?", wollte Billy wissen. „Aus der U-Bahn?"

„Ruhe!", sagte Oma und las uns ihren Lieblingsartikel vom Elefanten aus Wuppertal vor. Der Elefant sollte in Wuppertal eine Attraktion sein und zu Werbezwecken in schwindelerregender Höhe Schwebebahn fahren. Als der Elefant merkte, was die Menschen da mit ihm machten, hat er sich gegen die Tür der Kabine geschmissen und ist hinausgesprungen. Der Elefant hat Glück gehabt und ist in die Wupper gefallen. Da haben ihn die Menschen aus der Wupper gefischt und begriffen, dass man einen Elefanten nicht schweben lassen darf.

„Und war er nun aus einem Zirkus oder aus dem Zoo, der Elefant?", fragte ich.

„Das weiß ich nicht. Das ist auch nicht wichtig", meinte meine Oma.

Aber ich hätte doch zu gern gewusst, was weiter aus dem schwebenden Elefanten geworden ist. Oma behauptete, ich hätte nichts verstanden von ihrer Geschichte. Aber wir konnten nicht weiter darüber streiten, denn in diesem Moment kam Emil vom Anleger zurück. Gleichzeitig klingelte mein Handy.

„Mann, wo bleibst du, Katjenka? Es ist schon nach halb sieben!" Es war Hati-Hati. „Ich warte hier schon eine Ewigkeit bei den Glascontainern."

„Ja, ja, ich bin ja gleich da", beruhigte ich meine Cousine. Nachdem ich sie weggedrückt hatte, wandte ich mich Emil zu und fragte aufgeregt: „Und, wie war's? Was hat deine Mutter gesagt?" Denn das zu erfahren war mir jetzt entschieden wichtiger.

Emil wich aus und starrte hinunter aufs Wasser.

„Hast du etwa gar nicht mit ihr telefoniert?", wollte Billy wissen.

„Doch …“, sagte Emil und druckste weiter herum. Nicht ein einziges vernünftiges Wort bekamen wir aus ihm heraus. Und dann wollte er ablenken, indem er sich die neue Gießkanne schnappte. „Ich geh mal eben Wasser zum Radieschengießen holen“, bot er sich freiwillig an und zog mit der Gießkanne los.

Billy und ich schauten uns an.

„Warte, ich komme mit!“, rief ich Emil hinterher. Ich musste ja auch los. Schließlich konnte ich Hati-Hati nicht ewig an den Containern warten lassen. Überstürzt verabschiedete ich mich von meiner Oma: „Bis morgen früh, Oma – mit Schlüssel!“, und rannte hinter Emil her.

„War es denn so schlimm mit deiner Mutter?“, fragte ich ihn mitfühlend.

Emil sah aus, als ob er eigentlich gern etwas sagen wollte. Aber dann tat er es doch nicht.

„Du hast es gut“, meinte ich deshalb, „ich könnte platzen vor Neid. Ich würde zu gern auch mit euch im Schrebergarten übernachten.“

„Wieso, kannst du doch!“, entgegnete Emil. „Sag doch einfach deinen Eltern, dass du bei mir übernachtest.“

„Ach, sehr witzig! Und wer klaut heute Nacht meinem Vater den Schlüssel von Oma Rübenkamps Wohnung?“

Vollkommen außer Atem kam ich kurz darauf am Goldbekplatz an. Hati-Hati lehnte genervt an einem der grünen Glascontainer. „Du hättest mir ruhig sagen können, dass du erst so spät kommst, dann hätte ich noch gut mit Igor …“

Mein Blick fiel auf ihren Hals. Ich grinste. Um die Knutschflecke zu verbergen, musste Hati-Hati sich von irgendwoher einen ungefähr zehn Meter langen Schal organisiert haben. Den hatte sie sich bei dieser Affenhitze um den Hals gewickelt. Ich fand, dass das viel mehr auffiel als die Pflaster.

Zu Hause stürzte uns Mama schon im Treppenhaus entgegen. Völlig aufgelöst überschüttete sie uns mit Fragen: „Wisst ihr, wo die Oma ist? Ihr seid doch heute bei ihr gewesen. Wie ging es ihr? War sie irgendwie anders als sonst? Hat sie irgendwas gesagt? Wann seid ihr von der Oma weggegangen?“

Ich trat Hati-Hati heimlich auf den Fuß, damit sie still blieb.

Statt Mama auf ihre Fragen zu antworten, fragte ich mit möglichst harmlosem Gesichtsausdruck: „Wieso, was ist denn mit der Oma?“

„Ich habe gerade einen Anruf von der Pflegeheimleitung bekommen. Sie sagen, die Oma ist bereits zum Mittagessen nicht mehr im Heim gewesen“, antwortete Mama.

„Vielleicht hat sie anderswo gegessen“, sagte Hati-Hati.

Ich schaute sie giftig an, weil sie nicht den Mund hielt.

„Wieso? Könnte doch sein?"

„Genau das habe ich denen am Telefon auch gesagt", fuhr Mama fort, uns von ihrem Telefonat zu berichten. „Aber sie haben mir mitgeteilt, dass man Omas Rollator versteckt in einem Gebüsch gefunden hat. Und ohne ihr Gehrad kann die Oma doch keine fünf Meter gehen. Und trotzdem ist sie spurlos verschwunden. Ich will euch nicht beunruhigen, Kinder. Aber die Pflegeheimleitung schließt ein Verbrechen nicht aus und wird nun wahrscheinlich die Polizei einschalten."

Bei der Vorstellung, dass die Polizei nach Oma Rübenkamp suchen könnte, bekam ich mittelschweres Herzklopfen. Aber ansonsten atmete ich innerlich erleichtert auf. Anscheinend hatte niemand gesehen, dass heute drei Kinder mit einer Oma im Rollstuhl das Heimgelände verlassen hatten. Auch ein Rollstuhl schien nicht vermisst zu werden.

„Vielleicht ist die Oma entführt worden?", mischte Hati-Hati sich nun wieder ein. Ich deutete auf Hati-Hatis Hals und wollte gerade etwas dazu loslassen.

Doch Mama kam mir zuvor: „Unsinn, wer sollte denn die Oma entführen?" Und damit war für Mama das Thema Entführung erledigt.

Mama zog uns in die Wohnung. Sie wollte in aller Ruhe und ganz ausführlich alle Einzelheiten von unserem Besuch bei der Oma hören. Wir hatten uns gerade in der Küche an den Tisch gesetzt, da hörten wir die Haustür klappen. Fröhlich pfeifend kam Papa in den Flur und rief in die Küche: „Ihr werdet es nicht glauben. Aber endlich bin ich die Möbel von Oma losgeworden. Sogar die schreckliche Wohnzimmergarnitur …"

„Was?", schrie ich und sprang auf. Ich wollte es wirklich nicht glauben. „Du hast was gemacht, Papa?"

„Habe ich doch gerade schon gesagt: Ich habe die Wohnungseinrichtung von der Oma verkauft." Stolz wedelte Papa mit einem Bündel Geldscheinen. „Das Geld habe ich schon. Morgen Mittag um zwölf wird der ganze Krempel abgeholt. Und wenn ich dann alles mit dem Vermieter geklärt habe, können wir vielleicht doch noch für ein paar Tage an die Nordsee fahren. Na, wie findest du das?"

Papa wollte mich packen und herumschleudern, aber ich machte mich unwillig los. „Ich pfeif auf deine Nordsee!", rief ich mit krächziger Stimme und wandte mich ab, damit er nicht sehen konnte, dass mir die Tränen in die Augen schossen. Morgen um zwölf … morgen um zwölf, ratterte es in einer Endlosschleife in meinem Kopf. So schnell wie möglich musste ich an diesen verdammten Schlüssel herankommen. Oma musste zurück in ihrer Wohnung sein, bevor sie ihr die Möbel wegholten!

Ehe Papa sich über mein Verhalten wundern konnte, sagte Mama mit ernster Stimme zu ihm: „Deine Mutter ist verschwunden."

Papa wollte es erst nicht glauben. Er meinte nur locker: „Ach, sie hat sicher nur schnell mal einen kleinen Ausflug gemacht. Die Oma wird schon wieder auftauchen." Er schaltete das Radio ein, weil er immer um sieben Uhr die Nachrichten hört.

Mama fing gerade an, ihm eindringlich von dem geheimnisvollen Rollator im Gebüsch zu berichten, da brachte die Ansagerin im Radio die Suchmeldung: „... und vor den Nachrichten bitte ich noch um Aufmerksamkeit für eine dringende Suchmeldung: Gesucht wird die 72-jährige Reni Neumann. Sie ist 1,65 Meter groß und stark gehbehindert. Frau Neumann irrt vermutlich orientierungslos herum. Wer die gesuchte Person sieht, möge bitte die nächste Polizeidienststelle oder das Altenpflegeheim am Flughafen benachrichtigen. Es folgen die Nachrichten: Saarbrücken ..."

Da glaubte Papa es. Er schaute uns betroffen an.

Ich hingegen regte mich auf und murmelte vor mich hin: „Orientierungslos? Wieso sollte die Oma denn orientierungslos herumirren? So ein Quatsch!"

Und Hati-Hati sagte: „Vielleicht hat sie sich ja einen Rollstuhl ausgeliehen?"

Ich warf wieder giftige Blicke in ihre Richtung und versuchte ihr klarzumachen, dass sie endlich ruhig sein soll. Gleichzeitig überlegte ich fieberhaft, ob Hati-Hati nun etwas wusste oder nicht.

Um meine Eltern von der Rollstuhlidee abzulenken, wandte ich mich schnell an Papa: „Die Oma weiß jetzt übrigens Bescheid, was du mit ihrer Wohnung gemacht hast. Aber *ich* habe es ihr nicht gesagt. Es ist die Nachbarin mit dem Wellensittich gewesen."

Da gab es große Aufregung zwischen meinen Eltern. Mama und Papa schleuderten sich gegenseitig wilde Vorwürfe an den Kopf. Und dann fing Papa endlich an, sich ernste Sorgen um die Oma zu machen.

Währenddessen fragte ich Hati-Hati, ob ihr nicht ein bisschen warm wäre mit so einem Schal um den Hals.

„Nein, wieso?", antwortete Hati-Hati harmlos.

„Hast du vielleicht Halsschmerzen oder so?", fragte ich weiter und guckte sie dabei bitterböse an. Das sollte eine Warnung sein. Und es funktionierte. Hati-Hati blinzelte mich aufgeregt an, so als würde sie mich bitten, meinen Eltern ja nichts von ihrem Hals zu erzählen.

Da meine Eltern noch immer heftig am Streiten waren, tat ich so, als müsste ich zur Toilette. Musste ich aber gar nicht. Stattdessen durchwühlte ich im Flur an der Garderobe Papas Jackentaschen nach Omas Wohnungsschlüssel. Doch ohne Erfolg. Papa musste die Schlüssel in seiner Hosentasche haben. „Mist, Mist, Mist", fluchte ich. Die einzige Chance, an die Schlüssel von Oma zu gelangen, war also, sich in einer nächtlichen Schlafwandelaktion ins Schlafzimmer meiner Eltern zu schleichen …

Ich eilte zurück in die Küche, denn ich traute Hati-Hati nicht. Meine Eltern hatten sich inzwischen beruhigt. Sie deckten gemeinsam den Abendbrottisch, während Hati-Hati ihnen berichtete, wie toll es heute Nachmittag gewesen sei. Wie bitte?, dachte ich. Erzählt sie meinen Eltern von Igor? Aber ich bekam mit, dass ihr Bericht lediglich von der Liegewiese im Stadtpark handelte. Von Feuerspuckern und Jongleuren war die Rede, die auf der Wiese geübt hätten.

„Ach ja, und der süße kleine Hund, weißt du noch, Hatty, der, der Purzelbaum schlagen konnte?", begann ich nun ebenfalls Lügengeschichten zu erzählen. Hati-Hati und ich übertrafen uns gegenseitig im Herumspinnen.

Meine Eltern waren jedoch wahrscheinlich in Gedanken nur mit Oma Rübenkamp beschäftigt. Denn sonst wäre ihnen bestimmt aufgefallen, dass Hati-Hati und ich uns ausnahmsweise mal einig waren. Richtig nett waren wir zueinander.

Als Mama den Kühlschrank öffnete, wurde es jedoch wieder brenzlig. Sie stutzte und starrte mit gerunzelter Stirn hinein. Ich hielt die Luft an.

„Eigenartig", murmelte Mama laut vor sich hin. „Hatte ich nicht gestern …? Ich hätte schwören können …" Bei den Äpfeln war sie sich jedoch sicher. „Ich habe doch vorgestern drei Kilo Äpfel gekauft. Und jetzt sind hier nur noch zwei Stück. Wer von euch isst denn auf einmal diese Massen an Äpfeln?"

Da sagte Hati-Hati: „Ach, ich habe ein paar gegessen. Durfte ich doch, oder? Die sollen doch so gesund sein, wegen dem Vitamin Ä."

„Häääätiiie", schrie ich, „pass auf, dein Hals!"

„Warum regst du dich denn so auf, Katjenka?", fragte Mama. „Lass Hatty doch auch mal einen Spaß machen."

„Mit Vitaminen spaßt man nicht", sagte ich, was natürlich vollkommen unsinnig war. Aber ich konnte einfach nicht mehr klar denken. Mir war gleichzeitig kalt und heiß. Wenn Hati-Hati von den Vitaminen mit den komischen Namen wusste, konnte das nur eines bedeuten: Nämlich, dass sie doch tatsächlich den ganzen Nachmittag über hinter den Johannisbeerbüschen gehockt und die Oma, den Emil, Billy und mich belauscht hatte!

13.
KNUSPERNDE TIERE IN DER NACHT

So eine heimtückische Ziege, dachte ich. Ohne zu überlegen, platzte ich heraus: „Wisst ihr eigentlich, wo Hatty am Sonntag gewesen ist, als wir das ganze Pflegeheimgelände nach ihr abgesucht haben?"

Meine Eltern haben meine Frage jedoch gar nicht gehört. Sie waren schon wieder in einer heißen Oma-Rübenkamp-Diskussion. Aber Hati-Hati unterbrach mich aufgeregt. Sie gähnte lauthals. „Oh Mann, bin ich müde. Ich schlafe gleich auf der Stelle ein." Und zu mir gewandt fragte sie: „Und du? Bist du nicht auch furchtbar müde, Katjenka?" Dabei schaute sie mich flehend an. Vermutlich hatte sie mitbekommen, dass ich vor Wut fast platzte, und Angst bekommen, dass ich meinen Eltern tatsächlich von Goldbek-Igor erzählte.

In der allgemeinen Oma-Rübenkamp-Aufregung fiel es meinen Eltern gar nicht auf, dass wir so plötzlich und viel zu früh und zudem auch noch freiwillig ins Bett gehen wollten.

In meinem Zimmer sah sich Hati-Hati erst einmal vorwurfsvoll reibend das Bein an, gegen das ich sie getreten hatte. Sie klagte: „Da bekomme ich nun garantiert einen blauen Fleck!"

„Das ist mir piepeschnurzegal!", rief ich. Ich überlegte krampfhaft, wie ich heute Abend am besten noch zum Schrebergarten kommen konnte, um meine Oma wegen der verkauften Möbel zu warnen.

„Okay, okay, reg dich ab, Kleines", sagte Hati-Hati von oben herab zu mir. Sie tätschelte mir die Schulter und fragte: „Na, wo bin ich denn am Sonntag gewesen?"

Wo genau Hati-Hati gewesen war, konnte ich natürlich nicht wissen. Aber dass sie sich heimlich mit diesem Igor getroffen hatte und deshalb vom Sommerfest abgehauen war, das wusste ich hundertprozentig genau. Das sagte ich Hati-Hati auch. Und dann war mir mit einem Mal auch klar, wie ich das Schlüsselproblem lösen würde.

„Hatty, ich mach dir einen Vorschlag", sagte ich sehr nett zu meiner Cousine. „Ich verrate meinen Eltern kein Wort vom Sonntag, von Igor und deinen Knutschflecken am Hals. Dafür klaust du heute Nacht meinem Vater den Schlüssel von Oma Rübenkamps Wohnung aus seiner Hose."

Da Hati-Hati sowieso über alles Bescheid wusste, musste ich ihr gar nichts weiter erklären. Sie hatte ja heute Nachmittag alles hinter den Johannisbeerbüschen erlauscht.

Hati-Hati ging nicht sofort auf meinen Vorschlag ein. Sie zierte sich und meinte: „Na ja, das ist eine Überlegung wert. Aber was sage ich deinen Eltern, wenn sie aufwachen, während ich in ihrem Schlafzimmer nach dem Schlüssel suche?“

„Dann sagst du einfach, du hast Albträume und schlafwandelst und denkst, du bist zu Hause. Du musst einfach vollkommen verschlafen tun und immer wieder verwirrt vor dich hinmurmeln: Wo bin ich? Wo bin ich?“

„Okay“, sagte Hati-Hati, „aber warum machst du das eigentlich nicht selber?“

„Ich muss nachher dringend noch mal zum Schrebergarten. Vielleicht bleibe ich dann auch gleich da. Sobald du den Schlüssel hast, kommst du nach und bringst ihn uns.“

„Was? Aber doch nicht heute Nacht?“

„Na gut, aber allerspätestens morgen früh!“

„Und was soll ich deinen Eltern sagen, wenn sie merken, dass du nicht da bist?“, fragte Hati-Hati besorgt.

„Ach, denk dir einfach irgendwas aus“, antwortete ich und tat ganz locker. Still für mich hoffte ich natürlich inständig, dass meine Eltern meine nächtliche Abwesenheit nicht bemerken würden.

Ohne Probleme konnte ich mich aus der Wohnung schleichen. Eigentlich hätte ich meinen Eltern auch erzählen können, dass ich bei Emil übernachte. Ich befürchtete jedoch, sie würden mir dann vorwerfen, ich wäre herzlos, weil ich nicht zu Hause bliebe und mir Sorgen machte um die Oma. Oder sie würden mir sowieso verbieten, bei anderen Kindern zu übernachten, solange Hati-Hati auf Ferienbesuch bei uns war. Darum sagte ich ihnen lieber nichts. Denn wenn sie es mir verboten hätten, hätte ich sowieso heimlich abhauen müssen.

Draußen war es noch ganz hell und noch fast genauso heiß wie tagsüber. Überall hatten die Leute Tische und Stühle vor die Häuser gestellt. Sie grillten, lachten und sangen. Ich war kein bisschen müde. Im Gegenteil. Ich fand, es war eine ausgezeichnete Idee von mir, heute Nacht im Schrebergarten zu übernachten. Bei solch einem Wetter sollte es verboten werden, in normalen Wohnungen zu schlafen.

Oma und Emil waren auch noch wach. Sie saßen auf der Bank vor dem Gartenhaus, kämpften mit den Mücken und unterhielten sich über das Leben. Emil riss überrascht die Augen auf, als er mich in den Schrebergarten kommen sah. Meine Oma strahlte und rief erfreut: „Mensch, das ging aber schnell, Katjenka!" Sie dachte anscheinend, ich bringe ihr ihren Wohnungsschlüssel.

Weil Oma sich so gefreut hatte und ich sie enttäuschen musste, mochte ich ihr das mit Papa und den verkauften Möbeln überhaupt nicht erzählen. Stattdessen erklärte ich umständlich stotternd, dass Hati-Hati meinem Vater heute Nacht den Wohnungsschlüssel klauen würde, weil sie spioniert habe und ich sie nun erpresste. Ganz richtig verstanden hat es wohl keiner so genau, aber Emil freute sich einfach, dass ich jetzt auch bei ihnen im Schrebergarten übernachtete.

Später halfen wir meiner Oma ins Bett beziehungsweise auf ihre Klappliege. Erst danach erzählte ich Emil

draußen flüsternd von den verkauften Möbeln. „Wir müssen unbedingt morgen Vormittag vor zwölf in Omas Wohnung sein!“

„Meinst du denn, Hati-Hati schafft das mit dem Schlüssel? Meinst du, man kann sich auf sie verlassen?“, fragte Emil besorgt.

Ich zuckte mit den Schultern. „Keine Ahnung. Vielleicht sollte ich doch lieber wieder zurück …?“

„Ach nööö“, sagte Emil schnell, „ich finde es viel besser, wenn du hier bleibst.“ Er gab zu, dass es ihm hier so allein mit meiner Oma doch etwas unheimlich war. „Denn wenn deine Oma schläft, dann bellt sie nicht und kann keine Einbrecher verjagen.“

Mittlerweile war es fast dunkel geworden und wir beschlossen, ebenfalls schlafen zu gehen. Emil kletterte ächzend in seine Hängematte. Als er dann versuchte in den Schlafsack zu kriechen, schaukelte die Hängematte beängstigend hin und her.

„Das ist ja wie im Urlaub“, stöhnte Emil leicht verzweifelt und bekam einen Kicheranfall.

„Hast du gar kein Heimweh?“, fragte ich Emil einfach so aus Quatsch.

„Doch, ein bisschen“, antwortete er ganz ernst und erklärte: „Weißt du, Katjenka, so schlimm ist meine Mutter gar nicht …“

Ich glaubte, nicht richtig zu hören. Heute Nachmittag hatte Emil noch ganz anders von seiner Mutter geredet. Bevor ich jedoch etwas Empörtes sagen konnte, machte es „knacks!" und Emil lag mit seiner Hängematte auf dem Boden.

Gleichzeitig beschwerte sich meine Oma: „Kinder, ich kann nicht schlafen, wenn es hier immer so laut ist!"

„Aua, aua", jammerte Emil und flüsterte mir zu: „Da habe ich wohl den Knoten auf der einen Seite nicht richtig festgezurrt." Besonders wehgetan hatte Emil sich nicht. Trotzdem blieb er nun doch lieber unten liegen. Im Dunkeln suchte er die zweite Isomatte und stieß dabei scheppernd gegen einen Eimer. Und auch als er versuchte, Hängematte und Schlafsack zu entwirren, ging das nicht ohne Ächzen und Fluchen vonstatten.

Oma stöhnte verärgert: „Ach Kinder, könnt ihr nicht mal ruhig sein? Muss das denn sein?" Sie wälzte sich auf ihrer Klappliege herum.

Emil und ich trauten uns nicht einmal mehr, miteinander zu flüstern. Einschlafen konnte ich jedoch auch nicht. Dazu war ich viel zu aufgeregt. Immer wieder musste ich an den nächsten Tag denken und daran, ob wir es wohl schaffen würden, dass sie der Oma nicht die Möbel aus ihrer Wohnung holten. Ich bekam auch wieder große Zweifel, ob es wirklich so gut gewesen war, Hati-Hati den wichtigen Schlüsselklau anzuvertrauen. Was, wenn sie es vermasselte? Vielleicht hätte ich es doch lieber selber machen sollen? Aber ich wollte doch so gern mit Emil in der Gartenlaube übernachten. Es war alles so fremd und anders und irgendwie viel spannender als zu Hause in meinem Bett. Selbst die Geräusche waren interessanter. Ich hörte das leise Plätschern der Wellen vom Goldbekkanal. Manchmal piepte kurz ein Vogel oder eine Ente quakte. Manchmal war ein Rascheln zu vernehmen. Das ist sicher eine kleine, nette Maus, dachte ich. Oder war es vielleicht eine dicke, fette Ratte? Gerade, als ich mir das mit der Ratte überlegt hatte, waren da mit einem Mal ganz seltsame Knuspergeräusche. Die klangen wie von einem großen, fremden Tier, das garantiert größer als eine Ratte war, bestimmt ein Bär oder so. Das war mir unheimlich.

Ich hoffte, dass Emil ebenfalls noch wach war. „Emil", flüsterte ich in seine Richtung. „Emil, hörst du das?"

„Na klar höre ich das", raunte Emil leise zurück.

„Was meinst du, woher das kommt?"

„Keine Ahnung."

Ich fand, dass es sich schrecklich nah anhörte, fast, als wäre es hier im Raum. Emil schlug vor, wir könnten doch mit der Taschenlampe einmal um die Laube gehen. Aber dazu hatte ich absolut keine Lust. Ich hoffte, dass dieses unheimliche Geräusch von selbst wieder aufhören würde. Doch stattdessen wurde es immer lauter. Wie erstarrt lag ich in meinem Schlafsack.

„Du, Katjenka“, flüsterte Emil irgendwann, „ich glaube, das ist die Oma.“

„Du spinnst!“ Ich kicherte nervös vor mich hin.

„Doch, bestimmt!“ Emil war sich ganz sicher.

Da krochen wir aus unseren Schlafsäcken und schlichen zu Oma Rübenkamps Klappliege. Der Mond schien durch das kleine Fenster auf Omas Gesicht. Ich wollte es nicht glauben, aber es war tatsächlich die Oma, die diese außergewöhnlichen Geräusche von sich gab. Die Oma war das große Knuspertier! Nun konnten wir endlich beruhigt schlafen.

Aber es wurde trotzdem keine ruhige Nacht. Ich träumte wirres Zeug. Und dann war ich auch schon wieder wach. Das Licht in der Gartenlaube war eingeschaltet. Die Oma saß zusammengekrümmt auf ihrer Klappliege und wimmerte leise vor sich hin. Der Schlafsack neben mir war leer. Emil war verschwunden. Aber ich hörte ihn aus der Ecke, wo hinter einer Schiebetür die Chemietoilette stand, fluchen: „Ach, du meine Scheiße!“

Normalerweise drückt Emil sich nie so aus. Sonst sagt er, wenn er genervt ist, höchstens mal: „Ach, du meine Güte.“ Aber „Scheiße“ sagt Emil sonst nie. Darum dachte ich anfangs auch noch, dass ich träume.

Die Oma hat jedoch immer lauter gestöhnt und gejammert und aus der Ecke ist ein leichter Hauch von Scheiße vermischt mit ätzender Chemielösung gekommen. Da begriff ich langsam, dass es sich hier doch nicht um einen Traum handelte. Erschrocken sprang ich aus meinem Schlafsack und eilte zu meiner Oma. „Oma, was ist denn? Was hast du denn?"

„Ich bin mit dem blöden Chemieklo nicht klargekommen", jammerte sie. Die Oma hatte ein bisschen Durchfall gehabt und aus Versehen zu viel Toilettenpapier genommen, was man bei solchen Toiletten nicht machen darf. Nun war das blöde Klo verstopft und die Oma musste schon wieder und in die Büsche wollte sie nicht gehen.

Ich hielt mir die Nase zu und stattete Emil einen Besuch ab. Der hatte einen verzweifelten Gesichtsausdruck und stocherte mit einem Bügel in dem Chemieklo herum. Er versuchte das ganze Toilettenpapier herauszufischen und in eine Plastiktüte umzufüllen. „Es stinkt schlimmer als im Kuhstall!", stöhnte Emil, obwohl er bestimmt in seinem Leben noch nie einen Kuhstall von innen gesehen hatte. Höchstens im Fernsehen.

Endlich konnte die Oma wieder auf die Chemietoilette gehen. „Nie wieder mache ich so eine Entführung mit", schwor Emil mir.

Der Oma war das alles schrecklich unangenehm. Es ging ihr nun zwar ein bisschen besser, aber sie jammerte noch lange vor sich hin: „Ich will nach Hause! Nach Hause will ich. Wann kommt denn endlich Hati-Hati mit dem Schlüssel?"

Wir waren froh, als die Oma endlich erschöpft eingeschlafen war und wieder Knuspergeräusche von sich gab. Wir hofften sehr, dass sie diese Nacht nicht noch einmal Durchfall bekommen würde. Denn wir wussten beide nicht, wie man mit so einem elendigen Chemieklo umgeht, es hat ja keinen Abfluss.

„Vielleicht ist irgendwo so etwas wie eine Schublade, die man herausziehen und ausleeren muss?", flüsterte ich Emil zu.

„Oh Mann, hör auf! Mir wird schon wieder übel!"

Wir beschlossen, jetzt einfach nicht mehr weiter darüber nachzudenken, sondern erst einmal zu schlafen.

Doch daraus ist wieder nichts geworden. Wieder waren Geräusche zu hören. Sie übertönten die Knusperlaute der Oma. Einbrecherschritte, dachte ich. Das waren Einbrecherschritte, die nicht besonders leise um die Gartenlaube herumschlichen. Als die Türklinke heruntergedrückt und an der Tür gerüttelt wurde, stand ich bereits bei Oma Rübenkamps Klappliege. Gerade wollte ich die Oma wecken, damit sie schnell ein bisschen gefährlich bellt, da klopfte es an der Tür und mit gedämpfter Stimme rief jemand: „Macht doch mal auf! Ich bin's, Billy."

„Puuuhah, was für eine Nacht", stöhnte ich erleichtert, als ich Billy die Tür geöffnet hatte. Billy wunderte sich, dass ich ebenfalls in der Gartenlaube war. Aber ich hatte keine Lust, ihr irgendwas zu erklären, so müde war ich. Schnell kroch ich in meinen Schlafsack zurück. Ich bekam nur noch mit, dass Billy sich die Luftmatratze aufpustete, während Emil ihr leise von Hati-Hati und dem Schlüssel erzählte und berichtete, was sonst noch so alles in dieser Nacht passiert war.

Die gesamte Gartenlaube war jetzt voll mit Schlafplätzen: Die Oma auf der Klappliege am Fenster, daneben Billy auf der Luftmatratze und Emil und ich auf den Isomatten. Es war so eng, dass man sich kaum umdrehen konnte. Aber es war auch gemütlich. Das Letzte, was ich hörte, bevor ich endgültig einschlief, war, dass Emil ganz aufgeregt etwas von einer Bügel-Fisch-Aktion flüsterte. Bügelfisch, dachte ich, so ein Quatsch! Bügelfische gibt es doch gar nicht.

14. Surabaya und der vergessene Schlafanzug

Als ich aufwachte, war es bereits hell. Aber das Licht war grau und trübe. Wie ein nieseliger Novembertag sah es draußen aus und nicht wie sonnige Sommerferien. Ich fror in meinem Schlafsack und fühlte mich, als ob ich kein bisschen geschlafen hätte. Sicherlich ist es noch schrecklich früh, dachte ich, denn die anderen schliefen alle noch. Weil mir so kalt war, konnte ich nicht mehr einschlafen und wurde immer wacher.

Ich überlegte, dass Hati-Hati vielleicht schon seit Stunden draußen im Garten mit dem Schlüssel auf mich wartete, und beschloss, nachgucken zu gehen. Ich fand einen alten, großen Pullover und zog ihn über. Der Pullover roch nach Currywurst. Bestimmt gehörte er Billys Vater. Gerade wollte ich die Tür öffnen, da kratzte es von außen an der Tür. Nein, bitte nicht schon wieder irgendwelche unheimlichen Tiere oder Einbrecher, dachte ich. Todesmutig öffnete ich.

Dunkle, glänzende Augen schauten mich von unten an. Völlig zerzaust, aber zufrieden stand der streunende Alfred vor mir. Ich streichelte sein feuchtes Fell und er fing kläglich an zu maunzen, als ob er auf der Stelle verhungern würde.

„Schschsch, Alfred, ruhig! Warte, gleich bekommst du leckeres Vitamin Thun." Ich schlich zurück in die Gartenlaube und holte eine Thunfischdose und einen Teller. Ich setzte mich auf den Bootsanleger beim Kanal und öffnete die Dose. Alfred fiel über den Thunfisch her, als hätte er seit mindestens hundert Jahren nichts mehr zu essen bekommen.

Nachdem er gefressen hatte, nahm ich ihn auf den Schoß, um ihn mit dem Currywurstpullover trocken zu reiben. Dabei behielt ich die ganze Zeit über die Gartenpforte im Auge, um zu sehen, ob Hati-Hati nicht endlich kam.

Das Wetter sah nicht nur so unangenehm aus, es fing dann auch tatsächlich an zu nieseln. Aber weil der

Pullover wie ein Zelt war, blieb ich einfach draußen sitzen. Irgendwann wurde die Tür der Gartenlaube geöffnet. Emil schaute suchend hinaus. Als er mich entdeckt hatte, kam er zum Bootsanleger hinunter. Bibbernd, mit kleinen müden Augen hockte er sich neben mich.

„Du, Katjenka, ich glaube, deiner Oma geht es ganz schlecht."

Ich wollte schon aufspringen, um in die Laube zu stürzen, doch Emil hielt mich fest. „Du kannst jetzt nichts tun. Sie ist gerade eingeschlafen. Und Billy ist ja bei ihr", sagte er beruhigend.

„Hat sie denn wieder Durchfall?", fragte ich den Emil. Gleichzeitig überlegte ich, ob Billy wohl mit dem Chemieklo Bescheid wusste.

Emil schüttelte den Kopf. „Nein, nein, Durchfall hat sie nicht. Ich versteh es ja auch nicht. Vorhin ist deine Oma ganz fröhlich aufgewacht. Sie hätte so schön geträumt, hat sie Billy und mir erzählt. Sie hat geträumt, sie sei ein Kind, das leicht wie eine Feder auf einer Schaukel sitzt und schaukelt, als könne es fliegen."

Ich stellte mir meine Oma als schaukelnde Feder vor. „Ja, aber wieso geht es ihr jetzt schlecht?", bohrte ich nach.

„Dann wollte deine Oma aufstehen, aber sie ist nicht von ihrer Klappliege hochgekommen", berichtete Emil weiter. „Ihr Körper sei steif und schwer, hat sie geklagt.

Billy und ich wollten ihr helfen, doch die Oma hat gesagt, es hat keinen Sinn, weil ihr alles wehtut. Und sie hat geweint."

Oh, Menno, dachte ich und schluckte. Arme Oma!

„Wenn es deiner Oma so schlecht geht, dann kann sie vielleicht gar nicht zurück in ihre Wohnung. Dann kann sie doch eigentlich gar nicht alleine leben."

Emil redete wie mein Vater und ich zuckte mit den Schultern und sagte: „Ach, ich glaube langsam sowieso nicht mehr, dass Hati-Hati jemals mit dem Schlüssel hier auftaucht." Trotzdem guckte ich weiter unruhig und erwartungsvoll zur Gartenpforte.

Wir saßen unausgeschlafen und vor Kälte zitternd auf dem Bootsanleger und hofften, dass die Sonne wenigstens endlich rauskommt und es warm wird.

„Was machen wir denn, wenn Hati-Hati tatsächlich nicht kommt?", fragte ich Emil.

„Egal was nun mit deiner Oma und ihrer Wohnung wird", sagte er, „ich gehe jedenfalls nachher wieder nach Hause." Emil erzählte dann noch irgendwas von seiner Mutter, aber ich hörte ihm nicht mehr richtig zu. Denn durch die Büsche sah ich etwas hindurchblitzen, das aussah wie Hati-Hatis zehn Meter langer Schal.

Da kam Hati-Hati auch schon laut und überdreht in den Garten gestürzt. „Ich habe ihn!", brüllte sie stolz.

„Psst! Die Oma schläft doch!", ermahnte Emil sie besorgt.

Hati-Hati hörte jedoch gar nicht auf Emil. Sie fuchtelte wild begeistert mit dem Wohnungsschlüssel herum, sodass ich schon befürchtete, er würde ihr gleich in den Goldbekkanal fallen. Dann hielt sie plötzlich inne und fragte beleidigt: „Freut ihr euch denn gar nicht?“ Sie stöhnte übertrieben und pustete sich die Haare aus dem Gesicht. „Mannomann, das war vielleicht eine Aktion! Fast hätte dein Vater seine Hose nämlich gar nicht ausgezogen.“

Ich runzelte die Stirn. Was erzählte Hati-Hati denn da?

„Die ganze Nacht habe ich kein Auge zugetan“, berichtete Hati-Hati dramatisch weiter. „Erst kurz bevor er zur Arbeit ging, hat dein Vater sich dann doch noch eine andere Hose angezogen. Und glücklicherweise hat er vergessen, den Schlüssel aus der alten Hose herauszunehmen. Da habe ich dann zugeschlagen.“

„Aber wieso? Ist mein Vater letzte Nacht denn überhaupt nicht schlafen gegangen?“, fragte ich Hati-Hati, denn ich verstand noch immer nichts. „Oder hat er etwa die ganze Nacht meine Oma gesucht?“

„Ach so, nein“, sagte Hati-Hati in einem beiläufigen Tonfall, als wenn sie etwas vollkommen Nebensächliches erzählen würde, „die Mutter von Emil ist gestern doch da gewesen.“

Emil sprang auf und rief entsetzt aus: „Was, meine Mutter!?“

„Ja, sie wollte dir deinen Schlafanzug und deine Zahnbürste bringen. Na ja, dabei ist dann herausgekommen, dass ihr beide gar nicht da seid."

Ich schluckte und mir wurde in dem feuchten Currywurstpullover warm wie bei vierzig Grad im Schatten. Nun hatten wir zwar endlich den Schlüssel von Omas Wohnung, aber irgendwie sah es ansonsten nur noch nach Schwierigkeiten und ziemlich viel Ärger aus. Was ich auch überhaupt nicht kapierte: Warum brachte Emils Mutter ihm Zahnbürste und Schlafanzug in die Schinkelstraße, wo er doch geheim entführt war?

Emil war knallrot geworden und ganz durcheinander. Besorgt fragte er Hati-Hati: „Was … was hast du denn meiner Mutter erzählt? Hast du ihr irgendwas gesagt?"

„Na ja, ich hab ihr gesagt, dass du erzählt hast, dass du nach Surabaya willst", sagte Hati-Hati.

„Oh, Scheiße!", murmelte Emil völlig fertig.

Weil Emil so entsetzt reagierte, fragte Hati-Hati verunsichert nach: „Wieso, war das denn nicht richtig? Aber das mit Surabaya hattet ihr doch gestern so abgesprochen. Ich habe es genau gehört."

„Ja, ja", beruhigte ich Hati-Hati. Ich verstand auch nicht, weshalb Emil sich so aufregte. „Und was hast du meinen Eltern erzählt, wo ich bin?", wollte ich von Hati-Hati wissen.

„Na ja, dass du wahrscheinlich zusammen mit Emil nach Surabaya gegangen bist."

„Oh, Sch...!“, fing nun auch ich an zu fluchen.

Da wurde Hati-Hati sauer: „Also ehrlich: Erst freut ihr euch gar nicht über den Schlüssel. Und jetzt soll ich das mit Surabaya auch noch falsch gemacht haben.“ Hati-Hati drückte mir den Schlüssel für Oma Rübenkamps Wohnung in die Hand. „Ich gehe jetzt wieder nach Hause. Sonst alarmieren deine Eltern wegen mir auch noch die Polizei ...“ Gekränkt zog sie ab.

Mir wurde ganz übel, als ich das mit der Polizei hörte. Emil sah auch nicht aus, als wenn es ihm besonders gut ginge. Ich wollte ihn gerade fragen, ob er sich das mit seiner Mutter und dem Schlafanzug und der Zahnbürste erklären konnte, da wurde die Tür des Gartenhauses aufgerissen.

Billy schrie: „Katjenka, Emil, ihr müsst sofort kommen!“ Sie stand mit verstörtem Gesichtsausdruck im Türrahmen. Als wir bei ihr angelangt waren, flüsterte sie mir zu: „Deine Oma hat gesagt, sie will sterben.“

Erschrocken stürzte ich hinein. „Oma, was ist los? Was hast du denn?“

Meine Oma hockte zusammengesunken auf der Klappliege. Sie war zerknittert und blass wie in der vergangenen Nacht. Aber jetzt wimmerte und stöhnte sie noch viel schlimmer. Es hörte sich furchtbar an. „Alles tut mir weh“, jammerte Oma.

Ich dachte, vielleicht kann ich sie mit ihrem Wohnungsschlüssel aufmuntern: „Oma, Oma, wir haben

deinen Schlüssel! Wir können jetzt auf der Stelle in deine Wohnung."

„Ach", stöhnte die Oma und schaute nur gequält zu uns hoch. „Ach, das kannst du deiner Großmutter erzählen."

„Doch, Oma, wirklich! Guck!" Ich wollte ihr den Schlüssel geben.

Aber meine Oma hat ihren Wohnungsschlüssel nicht einmal angesehen. „Ach, was soll ich denn zu Hause ...?"

„Aber wo willst du denn sonst hin, Oma?" Ich wollte ihr von den Möbeln erzählen, die um zwölf Uhr abgeholt werden sollten. Aber ich merkte, dass Oma das alles nicht interessierte.

„Mir ist alles egal", schluchzte sie immer wieder, „ich will nur nicht ins Heim."

Ratlos standen wir um meine Oma herum.

„Wo tut es denn weh?", fragte ich sie.

„Ach, überall, alles", sagte sie und fing wieder an zu weinen.

Sie merkte nicht einmal, dass Alfred wieder da war. Er strich um ihre Beine und schnurrte sie dabei heftig an.

Wir ließen meine Oma kurz allein und beratschlagten vor der Tür, was wir nun machen sollten.

„Wir müssen einen Arzt holen", sagte Billy.

Emil nickte.

„Tja, das habe ich mir auch schon überlegt", sagte ich. „Aber ..."

Wir sahen uns an und uns war allen klar, dass dann die ganze Entführung umsonst gewesen war. Denn wenn ein Arzt meine Oma so sah, würde er sie garantiert mit dem nächsten Krankenwagen zurück ins Altenpflegeheim schicken.

„Aber es muss sein", sagte Billy. „Denn wir können deiner Oma nicht helfen."

Ich seufzte und sah ein, dass es nicht zu ändern war. Ich rannte los, um den Doktor vom Mühlenkamp zu holen.

15. Die Wahrheit über Alfred vom Rübenkamp

Die Tür der Praxis war nur angelehnt. Atemlos stürzte ich hinein. Doch ehe ich etwas sagen konnte, fuhr mich die Sprechstundenhilfe an: „Es ist noch geschlossen. Die Sprechstunde beginnt erst in einer halben Stunde."

Eine halbe Stunde konnte ich nicht warten. In der Hoffnung, er würde mich hören, rief ich so laut wie möglich: „Der Doktor muss auf der Stelle kommen. Es handelt sich um einen dringenden Notfall!"

Da streckte der Doktor auch schon seinen Kopf aus dem Sprechzimmer. „Ach, du bist es, Katjenka!" Bestimmt merkte er, dass es schrecklich ernst war. Er fragte nicht weiter nach, sondern sagte lediglich: „Sekunde, ich hole schnell meine Tasche." Und im Hinausgehen rief er seiner Sprechstundenhilfe zu: „Es dauert nicht lange. Ich muss nur mal schnell zu Neumanns um die Ecke in die Schinkelstraße."

Ich sagte dem Doktor lieber erst einmal nicht, dass wir gar nicht in die Schinkelstraße gingen. Erst als er rechts abbiegen wollte, zog ich ihn mit mir weiter geradeaus.

„Wir müssen zu meiner Oma, sie ist im Schrebergarten am Goldbekkanal.“ Wenn er es sehr eilig habe, könnten wir ja rennen, schlug ich ihm vor. Ich hoffte sehr, dass der Doktor nicht allzu genervt war. Aber er ist ganz ruhig geblieben, so, als würde ihm der weite Weg zum Goldbekkanal überhaupt nichts ausmachen.

„Ach, hat deine Oma dort einen Schrebergarten?“, wollte er wissen.

Ich schüttelte den Kopf. „Nein.“

„Haben deine Eltern denn jetzt dort einen Schrebergarten?“, fragte er.

„Nein, die auch nicht“, sagte ich.

Er runzelte die Stirn und schaute mich fragend an. Und dann erzählte ich ihm alles: Dass wir die Oma aus dem Pflegeheim entführt hatten und die ganze Geschichte. Und sogar, dass wir jetzt von der Polizei gesucht wurden, die Oma, der Emil und ich.

Der Doktor schüttelte beim Zuhören des Öfteren wild und ungläubig den Kopf. Immer wieder sagte ich ihm eindringlich, dass meine Oma auf gar keinen Fall zurück ins Heim wolle.

„Ich kann dir nichts versprechen, Katjenka“, sagte er schließlich. „Das hängt ganz davon ab, wie es deiner Oma geht. Das muss ich mir erst einmal anschauen.“

Kurze Zeit später kamen wir im Schrebergarten an. Der Doktor wollte mit der Oma allein sprechen. Also warteten Emil und ich vor der Gartenlaube.

„Wo ist Billy denn?“, fragte ich Emil verwundert.

„Billy hat Angst bekommen“, antwortete Emil nur. Normalerweise gucken Billys Eltern in den Ferien nicht in Billys Zimmer, bevor sie frühmorgens auf den Markt fahren. Aber Billy hatte plötzlich befürchtet, dass ihre Eltern heute eine Ausnahme machen und doch gucken könnten. Dann würden sie Billys leeres Bett sehen und den Zettel: *Schlafe bei Katjenka.* Darum war Billy lieber schnell nach Hause gelaufen.

Während der Doktor die Oma untersuchte, setzten Emil und ich uns auf die Bank vor der Laube. Eine ganze Weile saßen wir da und starrten stumm vor uns hin.

„Wenn er meine Oma wieder zurück ins Heim schickt, bekommen wir den fürchterlichsten Ärger für nichts und wieder nichts.“

„Den fürchterlichsten Ärger bekommen wir so oder so“, sagte Emil mit hochgezogenen Schultern. „Ich muss jetzt eigentlich unbedingt dringend endlich mal telefonieren.“

Wieder kam ich nicht dazu, Emil nach dem Schlafanzug und der Zahnbürste zu fragen, denn plötzlich polterte es laut aus der Laube. Dumpf fiel etwas um. Es klirrte und meine Oma quietschte.

„Was ist denn das für ein Arzt? Was macht denn der mit deiner Oma? Meinst du, sie braucht Hilfe?“, fragte Emil.

Wir sprangen auf und stiegen auf die Bank, um durch das Fenster in die Gartenlaube hineinzuschauen. Wir glaubten unseren Augen nicht: Da tanzte doch tatsächlich der Doktor vom Mühlenkamp mit meiner Oma in der engen Laube Wiener Walzer! Wo die Oma

eben noch so krank gewesen war vor Schmerzen, dass sie nicht einmal aufstehen konnte. Jetzt lachte sie und zog nur ein ganz kleines bisschen das rechte Bein nach.

Ich stieß Emil an. „Los, wir gehen rein! Ich glaube, die Untersuchung ist zu Ende."

Als wir zur Tür hereinkamen, sagte der Doktor gerade zu meiner Oma: „Also, tanzen können sie jedenfalls hervorragend, gnädige Frau!" Und die Oma kicherte wie eine 14-Jährige in der ersten Tanzstunde.

„Kann der zaubern, der Doktor?", raunte Emil mir zu.

„Ich versteh das auch nicht", flüsterte ich zurück.

Der Doktor erklärte uns dann, dass die Oma einfach überanstrengt sei. „Die Aufregung gestern und heute Nacht, das war alles zu viel. Und so eine Klappliege ist auch nichts für eine alte Frau“, sagte er.

Oma nickte zu allem, was er sagte.

Bis dahin habe ich auch noch alles, was der Doktor gesagt hat, verstanden. Nur als er dann plötzlich behauptete, dass die Oma nicht mehr in der Lage sei, allein in ihrer Wohnung zu leben, und als die Oma auch dazu genickt hat, da bin ich geplatzt: „Was? Aber Walzer tanzen, das kann sie?“ Ich war nahe dran, vor Enttäuschung loszuheulen. Da hatte dieser Doktor meine Oma anscheinend mit einem Walzer herumbekommen, dass sie freiwillig wieder ins Heim wollte. „Oma, nun sag doch auch mal was!“

Aber der Doktor sagte: „Nun lass mich mal ausreden, Katjenka! Fakt ist, deine Oma braucht Hilfe …“

„Wir helfen der Oma doch!“, unterbrach ich ihn erneut.

„Aber irgendwann sind die Ferien zu Ende, Katjenka“, warf die Oma ein. „Und auf Dauer wird euch das Helfen sicherlich auch langweilig werden.“

„Nein, bestimmt nicht, Oma!“, beteuerte ich immer wieder.

Der Doktor packte seine Tasche. Ganz ruhig fing er noch einmal an: „Katjenka, deine Oma braucht Hilfe von Erwachsenen …“

„Phh“, machte ich, „von Erwachsenen! Die haben meiner Oma bisher auch nicht geholfen.“

Da wurde der Doktor ungeduldig. „Katjenka, jetzt hör mal auf beleidigt zu sein“, sagte er. Gleichzeitig schaute er erschrocken auf seine Uhr. „Ich muss auf der Stelle los, meine Sprechstunde hat bereits angefangen.“ Er wandte sich zur Oma: „Frau Neumann, sie wissen ja jetzt Bescheid. Und mit der Station werde ich gleich mal telefonieren. Vom Taxistand an der Barmbeker Straße können sie ein Taxi nehmen.“ Von Emil und mir wollte er noch das Versprechen, dass ich gleich meine Eltern und der Emil seine Mutter anrufen würde.

„Ja, ja“, sagte ich nur. Ich war froh, als der Doktor endlich fort war.

„So, dann lasst uns mal zusammenpacken!“, rief die Oma und hat dabei richtig glücklich ausgesehen.

Ich verstand sie nicht. Hatte der Doktor ihr vielleicht eine Droge gegeben, dass sie es plötzlich so toll fand, wieder zurück ins Heim zu gehen? So etwas Hinterhältiges traute ich ihm eigentlich nicht zu. Das gab es doch nur im Fernsehen, oder?

Mit Sack und Pack und Kater Alfred im Karton fuhren Emil und ich dann die Oma mit dem Rollstuhl zum Taxistand. Oma hat in einer Tour von dem Doktor geschwärmt: Wie toll er tanzen könne und dass er ihr so viele super Tipps gegeben habe. „Nachher kommt er noch mal vorbei. Er hat mir sogar versprochen, dass er kurz vor zwölf da sein wird“, sagte Oma verschmitzt und zwinkerte uns zu.

Dass das nun etwas so Besonderes sein sollte, verstand ich überhaupt nicht. Ist doch piepegal, um welche Uhrzeit so ein Arzt ins Pflegeheim kommt. Mir ist sowieso alles unendlich egal gewesen. Ich wollte überhaupt nicht mehr nachdenken. Nur über den Taxifahrer ärgerte ich mich ein bisschen. Der fluchte, weil er nicht wusste, wie man einen Rollstuhl zusammenklappt. Dann schielte er misstrauisch auf den Alfred-Karton. „Ist da ein Tier drin?" Prompt begann Alfred zu maunzen. „Der pinkelt mir hoffentlich nicht auf die Sitze!"

Der Oma schien das alles nichts auszumachen. Mit strahlendem Gesicht wartete sie ruhig, bis der Taxifahrer den Rollstuhl endlich im Kofferraum verstaut hatte. Dann sagte sie mit klarer, fester Stimme: „Auf dem schnellsten Weg zum Rübenkamp, bitte."

„Aber Oma, wieso denn zum Rübenkamp?", fragte ich verdutzt. „Willst du vorher noch was holen?"

„Wieso *vorher*?", wollte die Oma wissen.

„Na, bevor du wieder ins Heim fährst", antwortete ich.

Oma bekam große, entsetzte Augen. „Ins Heim? Ich? Um Himmels willen, Katjenka! Du weißt ganz genau, dass ich da um nichts in der Welt wieder hinwill. Ich will in meine Wohnung!"

Jetzt verstand ich überhaupt nichts mehr. Und auch Emil schaute die Oma nur mit gerunzelter Stirn und offenem Mund an.

„Aber Oma, der Doktor hat doch gesagt, du schaffst es nicht mehr. Und du hast dazu genickt!"

„Stimmt genau", sagte Oma. „Und weil mir das heute Morgen klar geworden ist, darum bin ich ja auch so mutlos gewesen. Aber der Doktor wird jetzt bei der Hauspflegestation in der Krausestraße anrufen. Dann kommt dreimal am Tag jemand zu mir nach Hause und hilft mir. Und dann kann ich weiter in meiner Wohnung leben. Ist das nicht schön?"

„Ach … ach so", stotterte ich. Emil und ich, wir schauten uns verdattert an. Hatte ich das jetzt alles richtig verstanden? Ich war noch vollkommen durcheinander und konnte mich gar nicht richtig mit der Oma freuen.

Da nahm meine Oma mich so fest in den Arm, dass mir schwindlig wurde. „Ach, Katjenka, ach, Emil!", rief sie erleichtert. „Das habe ich nur euch zu verdanken!"

Und als die Oma dann bei sich zu Hause am Rübenkamp mit dem von Hati-Hati geklauten Schlüssel ihre Wohnungstür aufschloss, strahlte sie. „Ich glaub es nicht, ich glaub es nicht …", sagte sie immer wieder.

Nachdem wir den armen Alfred aus dem Karton befreit hatten, gingen wir einmal gemeinsam durch die ganze Wohnung. „So, jetzt werden wir gleich erst mal anständig frühstücken, damit wir gestärkt sind, wenn nachher um zwölf die Möbel abgeholt werden."

„Oma, das weißt du?", fragte ich erstaunt.

Oma nickte. Sie hatte es heute Nacht mitbekommen, als Emil es Billy erzählt hatte. „Aber ich habe keine Angst mehr davor", sagte Oma. „Der Doktor hat mir ja versprochen, dass er dann dabei sein wird."

„Oma, meinst du, der Doktor beschützt mich auch vor Mama und Papa?", fragte ich. Ich stellte mir vor, dass er vielleicht mit Papa auch ein paar Runden Walzer tanzen könnte und dass Papa dann sofort sanft und freundlich wie ein Lamm würde.

„Wisst ihr was", sagte die Oma, „wir machen einfach ein Fest und laden alle für Viertel vor zwölf ein. – Aber jetzt rufst du erst mal deine Eltern an", befahl sie mir. Doch das konnte ich nicht, denn der Akku von meinem Handy war leer und der Emil hatte bereits Omas Telefon belegt, um seine Mutter anzurufen.

Als Emil nach einer Ewigkeit endlich mit dem Telefonieren fertig war, ging ich mit einem etwas mulmigen Gefühl an den Apparat. Weil ich mich nicht so richtig traute, rief ich als Erstes bei Billy an, um ihr zu berichten, was passiert war, und um ihr Bescheid zu sagen, dass sie in Oma Rübenkamps Wohnung kommen sollte. Dann endlich habe ich unsere Telefonnummer gewählt.

Ich hoffte, Mama würde ans Telefon gehen. Es meldete sich jedoch Hati-Hati und ich war das erste Mal glücklich, ihre Stimme zu hören. Damit sie den Hörer nicht an meine Eltern weitergab, sagte ich ihr schnell:

„Wir feiern bei Oma am Rübenkamp ein Fest. Ich soll alle herzlich einladen. Um Viertel vor zwölf geht's los. Papa soll das Geld für die Möbel mitbringen. Und du darfst den Igor mitbringen, hat die Oma gesagt."

Bevor Hati-Hati noch etwas sagen oder fragen konnte, legte ich rasch auf. Als dann eine Minute später das Telefon klingelte, ließ ich lieber die Oma drangehen. Und es war, genau wie ich befürchtet hatte, mein Vater. Es sah gleich nach einem langen, ernsten Gespräch aus. Oma drückte uns schnell Geld in die Hand, damit wir Kuchen für das Fest einkaufen gehen konnten.

Als wir in der Bäckerei in der Schlange standen und warteten, dass wir bedient wurden, holte ich tief Luft und sagte zu Emil: „Also, Emil, wenn du mir jetzt nicht auf der Stelle endlich mal erklärst, warum deine Mutter letzte Nacht deinen Schlafanzug und deine Zahnbürste zu uns in die Schinkelstraße gebracht hat, dann fall ich auf der Stelle tot um."

„Aber wieso?", verteidigte Emil sich. „Ich hab doch andauernd versucht es dir zu erklären. Aber entweder ist die Hängematte heruntergekracht oder du hast mir nicht zugehört."

„Nun, ich höre!"

Emil druckste noch eine Weile herum, dann sagte er endlich: „Es ist nur … weil, äh … Also, ich hab meiner Mutter gestern am Telefon gesagt, dass ich bei dir übernachte."

„Wie bitte? Was? Du hast ihr gar nicht gesagt, dass du nach Surabaya gehst? Du hast sie gar nicht wegen dem Internat erpresst? Deine Mutter hat gar nicht gewusst, dass du entführt worden bist?!"

„Nein", sagte Emil kurz angebunden und schien nicht weiter darüber reden zu wollen. Stattdessen schlug er vor: „Was meinst du, sollen wir Berliner kaufen, weil Hati-Hati so toll die Schlüssel für Oma Rübenkamp geklaut hat?"

Ich ließ mich aber nicht ablenken. „Dann musst du doch aber nach den Ferien wieder ins Internat! – Zwölf Berliner, bitte", sagte ich zu der Verkäuferin.

„Ich muss nach den Ferien nicht zurück ins Internat", sagte Emil und grinste mich an wie ein Honigkuchenpferd. Und als wir endlich mit zwei großen Tüten voller Berliner die Bäckerei verlassen hatten, erklärte er mir, warum: „Als ich gestern meine Mutter vom Mühlenkamp aus angerufen habe, ist sie ganz anders gewesen, als ich es erwartet hatte. Ich bin überhaupt nicht dazu gekommen, ihr etwas von Surabaya zu erzählen. Sie sagte sofort, dass sie sich das mit dem Internat noch einmal überlegt hätte. Wenn es denn so schrecklich für mich sei, dann bräuchte ich nicht mehr dorthin."

„Und warum hast du uns das nicht gleich erzählt?", wollte ich von ihm wissen.

„Na ja", druckste Emil wieder etwas herum, „ich habe einfach mal Lust gehabt, heimlich im Schrebergarten zu übernachten. Außerdem hatte ich es deiner Oma ja versprochen."

„Oh Mensch, Emil", seufzte ich erleichtert. Ich stieß ihn an, sodass ihm fast die Tüte mit den Berlinern aus der Hand gefallen wäre.

Es wurde dann ein richtig schönes Fest bei Oma Rübenkamp. Auch mit unseren Eltern war es nicht so schlimm, wie ich befürchtet hatte. Unsere Mütter haben sich einfach nur gefreut, dass wir wieder da waren und dass uns nichts passiert war. Meine Mama hat mich an beiden Ohren gezogen und gleichzeitig auf die Nase geküsst. Emils Mama hat den Emil so doll umarmt, dass er gejammert hat: „Hilfe, Mama, du zerdrückst mich!"

Alle waren glücklich: Goldbek-Igor saß grinsend neben Hati-Hati auf dem Sofa. Hati-Hati hatte noch immer ihren Schal um den Hals. Emil, Billy und ich haben pausenlos Berliner gegessen und Kater Alfred gestreichelt, der schnurrte wie ein Rasenmäher. Und die ganze Zeit über hat die Oma mit dem Doktor Walzer getanzt.

Der Einzige, der nicht so glücklich ausgesehen hat, war Papa. Denn als es um zwölf Uhr geklingelt hat, hat die Oma ihn an die Tür geschickt. Ganz pünktlich kamen die Leute, die eigentlich Omas Möbel abholen wollten. Aus dem Flur war ein lautes, unhöfliches Gespräch zu hören. Bis ins Wohnzimmer konnte man

jedes Wort gut verstehen. Eine Ewigkeit dauerte es, bis Papa mit hochrotem Kopf und vollkommen erschöpft zu uns zurückkam. Erleichtert warf er sich in einen Sessel und versprach der Oma: „So etwas mache ich nie wieder, Mama! Bestimmt nicht!“

Hati-Hati tuschelte kurz mit der Oma. Dann sagte die Oma zu meinem Papa: „Okay, mein Sohn. Aber zur Strafe machst du mit uns allen einen Ausflug nach Berlin.“

Das versprach er. Und so kam es, dass wir am Ende der Ferien tatsächlich alle zusammen nach Berlin gefahren sind: der Emil, Billy, der grinsende Igor, Hati-Hati, meine Oma, mein Papa und ich.

Hati-Hati musste uns Berlin zeigen und wir haben an allem ein bisschen herumgemeckert und behauptet, in Hamburg wäre es viel toller. Das haben wir aber nur gesagt, um Hati-Hati ein bisschen zu ärgern. Eigentlich fanden wir Berlin ziemlich gut. Besonders Kürbiskernessen, Schalen-Wettspucken, U-Bahn-Fahren und Sonnenuntergänge gucken auf dem Kreuzberg.

Drei Wochen nachdem die Schule wieder angefangen hatte, ist Alfred Rübenkamp dann überraschend Mutter geworden. Ja, ihr habt richtig gelesen! Oma Rübenkamps Kater hat Junge bekommen. In den Ferien hatten wir uns schon gewundert, dass Alfred immer dicker und dicker wurde, und haben gedacht, er wäre krank. Die Oma schickte uns mit dem Alfred zur Tierärztin, denn sie befürchtete, dass der Alfred in der Nacht, als er in der Schrebergartenkolonie herumgestreunt war, vielleicht etwas Giftiges gefressen hatte. Aber die Tierärztin hat uns erklärt, dass der Alfred kein kranker, kastrierter Kater sei, sondern eine ganz gesunde, schwangere Katze.

Nun hat Alfred drei süße kleine Katzenkinder bekommen. Seitdem heißt Omas Katze nicht mehr Alfred, sondern Alfrieda. Die kleinen Katzenbabys haben wir Alf, Fred und Frieda getauft. Eins ist für Billy, eins will der Emil haben und eins bekomme ich. Wir müssen nur noch unsere Eltern darauf vorbereiten. Wenn sie es uns nicht erlauben, werden wir die Katzenkinder im Schrebergarten von Billys Eltern verstecken.